書禮春秋選

上海古籍出版社

圖書在版編目（CIP）數據

書禮春秋選 / 王財貴主編 . — 上海：上海古籍出版社，
2017.12
（中文經典誦讀系列：繁體豎排）
ISBN 978-7-5325-8647-9

I. ①書… II. ①王… III. ① 禮儀 — 中國 — 古代 — 青
少年讀物 ② 中國歷史 — 商周時代 — 青少年讀物 ③ 中國歷史
— 春秋時代 — 青少年讀物 IV. ① K892.9 ② K221.09

中國版本圖書館 CIP 數據核字（2017）第 263254 號

中文經典誦讀系列（繁體豎排）
書禮春秋選
王財貴 主編
書籍設計：劉曉翔工作室
北京文禮經典文化有限公司 策劃
上海古籍出版社有限公司 出版
（上海市瑞金二路 272 號 郵政編碼：200020）
（1）網址：www.guji.com.cn
（2）E-mail: guji1@guji.com.cn
（3）易文網網址：www.ewen.co
全國各地書店經銷
三河市國英印務有限公司印刷
開本 800 × 1200 1/16 印張 13.75 字數 40 千字
2017 年 12 月第 1 版 2017 年 12 月第 1 次印刷
ISBN 978-7-5325-8647-9
G・670 定價：49.00 元
如有質量問題，請與承印公司聯繫

出版說明

「中文經典誦讀系列」（繁體豎排）誦讀本，是根據二十年來我在臺灣推廣「兒童讀經」所編給臺灣兒童的讀本而修訂，採用繁體豎排帶漢語拼音的形式（讀音依據普通話標準調整），以供國內外希望熟悉繁體字及養成豎排閱讀習慣的兒童使用。

本書的特色是「大字」「白文」「繁體豎排帶漢語拼音」。「大字」，是為節省目力，不僅適合兒童誦讀，也方便一般讀者隨時隨地誦讀。「白文」而無解釋，一方面是為了篇幅不致太多，另一方面是「讀經」不同於一般知識的學習。「讀經」，重在了解，更重在接觸、熟悉，只要多「讀」，自有浸潤，自有感發，自有了解。當然，必要時，找其他有注釋的版本來參究研讀更好，但只就「兒童讀經」說，原不是很需要解釋的。採用「繁體豎排帶漢語拼音」的形式，乃因自從簡體字推行以來，古今之書與兩岸之文產生了若干的差異，造成了一些閱讀與溝通上的障礙，許多有識之士認為「寫簡識繁」不失為暫時的解決之道，本系列讀本以繁體字排版，附以漢語拼音，讓讀者能在誦讀中自然識得繁體字；「拼音」作淡化處理，一方面有助於讀者對生僻字及古音等的了解，省去查閱字典的麻煩，另一方面淡化拼音的輔助作用，提高兒童識字的效率。

本系列讀本包括十四種。編者建議給兒童讀誦的先後順序是：一、《學庸論語》，二、《孟子》，三、《老子莊子選》，四、《易經》，五、《詩經》，六、《唐詩三百首》，七、《書禮春秋選》，八、《古文選》，九、《詩歌詞曲選》，十、《佛經選》，十一、《傷寒論》，十二、《內經知要》。另有國學啟蒙之冊《孝弟三百千》和課餘讀物《格言選》，作為隨時補充教學之用。本系列所採用的版本大體是通用的古本，如「四書」之《論》《孟》《中庸》用朱熹集注本，《老子》用《四部備要》明華亭張氏本，《莊子》用郭慶藩集釋本。注音亦盡量採用底本中所注，其中《學庸論語》《孟子》《易經》《老子》《詩經》《唐詩三百首》《詩歌詞曲選》及《孝弟三百千》等書特請梁炯輝先生依《廣韻》中古音系統注出「入聲」（加黑點於拼音右側），並偶用「古音」。群經諸子中，遇孔子之名，避諱讀為「某」，是比較特別的。但舉凡這些版本及注音的選擇，只供教者、學者參考，不必以為「定本」。我認為「讀」最重要，版本及注音的瑣碎異同不必太過計較，如唐詩就無定本可尋，但不妨礙它廣為流傳。

本系列讀本的出版，旨在推廣「讀經」風氣。「兒童讀經」教育的開展，倡發於臺灣，隨亦蔚起於大陸，乃至推衍於全世界，斯皆本於人性之自然，故能於讀經教法斷絕百年之後，復起於當世，風生雲湧，如斯之盛。我們希望有中國人的地方就有人「讀經」，更希望「讀經」教育成為世界語文教育的新典範。曾見古人有一聯語云：「國士胸羅廿四史，村童背誦十三經。」此情此景，如再現於當今，或將有助於社會和諧進步也。

感謝北京季謙教育咨詢中心諸同仁為此改版作精細之編校，並為讀本錄製朗讀示範音頻，以便天下父母及老師之教學。又感謝上海古籍出版社所作的進一步校訂，讓本系列得以順利出版發行。

編者／王財貴

一九九四年五月台灣初版

二〇一二年二月大陸改版

二〇一四年九月大陸第二次改版

二〇一七年十二月大陸繁體豎排本初版

在現代社會提倡「讀經」之基本理論／王財貴

一、「經典」是智慧之結晶，所載為常理常道，其價值歷久而彌新，任何一個文化系統皆有其永恒不朽之經典作為源頭活水。「經典」不僅構成其民族之傳統，而且提供給全人類以無限之啟發。

二、中國儒、道、釋三家之經典自古流傳，為所有知識分子所必讀，以傳承中國文化之特色，而且影響東亞、東南亞並及於全世界。「五四」以來，反傳統而反對「讀經」，並反對讀古文。現今青年一輩，很多幾乎不能閱讀自己祖先的文獻，何況「經典」？倡導「讀經風氣」是想從根本處著手，以救助中國文化。此外，如欲學習外語，吸收外族文化，亦應從其經典誦讀著手，最為方便有效。

三、倡導「讀經」的用意有二：第一，「經典」本來就是古文，「讀經」可以訓練古文基礎；第二，直接研讀「經典」，直接接觸文化傳統中之最高智慧。兩件事一次完成。而有了古文基礎，將有助於白話寫作；有了傳統智慧，才有能力會通西洋。

四、現今的教育理論，一時很難在體制上恢復「讀經」之課程，故當先以「社會教育」的方式推廣，希望最終「讀經」理念能深入民心，風氣能普及於社會。

五、在社會中倡導「讀經」的方式有三：第一，用「講經」的方式倡導，由名師宿儒講授，此適用於成人；第二，用「讀經會」的方式，即由若干有興趣者自組讀書會，而選用「經典」作為研讀文本，此亦適用於成人；第三，提倡「兒童讀經」，即一般家庭中由家長自行教導其小孩「讀經」，或鼓勵公寓大樓、社區鄰里、文化社團等開辦「兒童讀經班」，最好是學校教師在班上隨機教學，或在團體活動中成立「讀經」項目，或全校師生利用適當時機一齊教學。而如欲培養高端人才，最有效者，則是開設「讀經」學校，或以「私塾」方式，施行全天候以「讀經」為主的教育。

六、就成人之「讀經」活動說，「經書」深奧難懂，一般人不敢嘗試。其實越不讀越難入門，而一切語文之學習，亦在由接觸而熟悉。只要開啟「讀」的風氣，常常去讀，自然漸漸培養出能力，越讀越懂。而社會中「讀經」的人多，從小方面說，可以陶冶個人心性氣質；從大方面說，歷史文化的傳承就自在其中。

七、就兒童之「讀經」活動說，「經書」更是難懂。但兒童之心智發展重點在於記憶力，而不在理解力。所以，不要勉強要求理解，而應趁幼時一面利用其記憶之強，記下一些文化中的精華作品，一面也訓練了記憶能力。待其長大後，閱讀能力自然增強，對本國文化也會有親切之感，所記得的文句不僅自己可以漸漸領略，如遇有人指教，更能觸類旁通。眾人之中，將可出現「為往聖繼絕學」之人才。

八、由兒童之「讀經」可以引起家庭接近「經典」之興趣，若父母子女一起「讀經」，更可增進親子之祥和，是最好的親子活動。

九、單從古文程度上說，兒童讀經一年，可有高中程度；讀經兩年，可有普通大學程度；讀經三年，可有中文系本科程度。至於人格之陶冶、氣質之變化，其效能更不可測度。

目錄

尚書選

周禮選

儀禮選

禮記選

春秋左傳選

（附）國語選

（附）戰國策選

春秋公羊傳選

春秋穀梁傳選

尚書選

（本書為尊重傳統故，校訂中偶採古音，不另做標注；如與其他讀本有差，蓋因所據不同，皆有所因，無關緊要。）

一、堯典

CD1-2

1 曰若稽古帝堯，曰放勳，欽明文思安安，允恭克讓，光被四表，格于上下。克明俊德，以親九族；九族既睦，平章百姓；百姓昭明，協和萬邦。黎民於變時雍。

「平」，或讀biàn。

CD1-3

2 乃命羲和，欽若昊天，歷象日月星辰，敬授人時。分命羲仲，宅嵎夷，曰暘谷，寅賓出日，平秩東作；日中、星鳥，以殷仲春；厥民析，鳥獸孳尾。申命羲叔，宅南交，平秩南訛，敬致；日永、星火，以正仲夏；厥民因，鳥獸希革。分命和仲，宅西，曰昧谷，寅餞納日，平秩西成；宵中、星虛，以殷仲秋；厥民夷，鳥獸毛毨。申命和叔，宅朔方，曰幽都，平在朔易；日短、星昴，以正仲冬；厥民隩，鳥獸氄毛。帝曰：「咨！汝羲暨和。朞三百有六旬有六日，以閏月定四時成歲。」允釐百工，庶績咸熙。

「隩」，或讀ào。

CD1-4

3

帝曰：「疇咨！若時登庸？」放齊曰：「胤子朱啟明。」帝曰：「吁！嚚訟，可乎？」帝曰：「疇咨！若予采？」驩兜曰：「都！共工方鳩僝功。」帝曰：「吁！靜言庸違，象恭、滔天。」帝曰：「咨！四岳。湯湯洪水方割，蕩蕩懷山襄陵，浩浩滔天。下民其咨。有能俾乂？」僉曰：「於！鯀哉！」帝曰：「吁！咈哉！方命圮族。」岳曰：「异哉！試可，乃已。」帝曰：「往，欽哉！」九載，績用弗成。

CD1-5

4

帝曰：「咨！四岳。朕在位七十載，汝能庸命，巽朕位。」

岳曰：「否德忝帝位。」曰：「明明揚側陋。」師錫帝曰：「有鰥在下，曰虞舜。」帝曰：「俞，予聞。如何？」岳曰：「瞽子，父頑，母嚚，象傲；克諧以孝，烝烝乂，不格姦。」帝曰：「我其試哉。」女于時，觀厥刑于二女。釐降二女于嬀汭，嬪于虞。帝曰：「欽哉！」

CD1-6

以下為舜典。

5

慎徽五典，五典克從；納于百揆，百揆時敘；賓于四門，四門穆穆；納于大麓，烈風雷雨弗迷。帝曰：「格汝舜！詢事考言，乃言底可績，三載，汝陟帝位。」舜讓于德，弗嗣。

CD1-7

6

正月上日，受終於文祖。在璿璣玉衡，以齊七政，肆類于上帝，禋于六宗，望于山川，徧于群神。輯五瑞，既月乃日，覲四岳群牧，班瑞于群后。歲二月，東巡守，至于岱宗，柴。望秩于山川。肆覲東后。協時、月，正日，同律、度、量、衡。修五禮、五玉、三帛、二生、一死，贄。如五器，卒乃復。五月，南巡守，至于南岳，如岱禮。八月，西巡守，至于西岳，如初。十有一月，朔巡守，至于北岳，如西禮。歸，格于藝祖，用特。五載一巡守，群后四朝，敷奏以言，明試以功，車服以庸。

「守」，或作「狩」，下同。

「北」，古音bó，今讀běi。

CD1-8

7 肇十有二州，封十有二山，濬川。象以典刑。流宥五刑。鞭作官刑，撲作教刑，金作贖刑。眚災肆赦，怙終賊刑。「欽哉，欽哉！惟刑之恤哉！」流共工于幽州，放驩兜于崇山，竄三苗于三危，殛鯀于羽山，四罪而天下咸服。二十有八載，帝乃殂落，百姓如喪考妣，三載，四海遏密八音。

「賊」，今讀zéi，後仿此。

CD1-9

8 月正元日，舜格于文祖。詢于四岳，闢四門，明四目，達四聰。咨十有二牧，曰：「食哉，惟時！柔遠能邇，惇德允元，而難任人，蠻夷率服。」

「率」，通「帥」。古音動詞讀shuò，名詞讀shuài，今皆讀shuài。

CD1-10

9

舜曰：「咨！四岳。有能奮庸，熙帝之載，使宅百揆，亮采惠疇？」僉曰：「伯禹作司空。」帝曰：「俞，咨！禹，汝平水土，惟時懋哉！」禹拜稽首，讓于稷、契暨皋陶。帝曰：「俞，汝往哉！」帝曰：「棄！黎民阻飢。汝后稷，播時百穀。」帝曰：「契，百姓不親，五品不遜。汝作司徒，敬敷五教，在寬。」帝曰：「皋陶！蠻夷猾夏，寇賊姦宄。汝作士，五刑有服，五服三就；五流有宅，五宅三居；惟明克允。」帝曰：「疇若予工？」僉曰：「垂哉。」帝曰：「俞，咨！垂，汝共工。」垂拜稽首，讓于

CD1-11

殳斨暨伯與。帝曰：「俞，往哉！汝諧。」帝曰：「疇若予上下草木鳥獸？」僉曰：「益哉！」帝曰：「俞咨！益，汝作朕虞。」益拜稽首，讓于朱、虎、熊、羆。帝曰：「俞，往哉！汝諧。」帝曰：「咨，四岳，有能典朕三禮？」僉曰：「伯夷。」帝曰：「俞咨！伯，汝作秩宗。夙夜惟寅，直哉惟清。」伯拜稽首，讓于夔、龍。帝曰：「俞，往，欽哉！」帝曰：「夔！命汝典樂，教胄子。直而溫，寬而栗，剛而無虐，簡而無傲。詩言志，歌永言，聲依永，律和聲。八音克諧，無相奪倫，神人以和。」

夔曰：「於！予擊石拊石，百獸率舞。」帝曰：「龍，朕堲讒説殄行，震驚朕師。命汝作納言，夙夜出納朕命，惟允。」帝曰：「咨！汝二十有二人，欽哉！惟時亮天功。」

CD1-12

三載考績，三考，黜陟幽明。庶績咸熙。分北三苗。舜生三十徵庸，三十在位，五十載，陟方乃死。

北，背也。

CD1-13

二、皋陶謨

曰若稽古皋陶，曰：「允迪厥德，謨明弼諧。」禹曰：「俞，如何？」皋陶曰：「都！慎厥身修，思永。惇敘九族，庶明勵翼，邇可遠，在茲。」禹拜昌言曰：「俞。」皋陶曰：「都！在知人，在安民。」禹曰：「吁！咸若時，惟帝其難之。知人則哲，能官人；安民則惠，黎民懷之。能哲而惠，何憂乎驩兜？何遷乎有苗？何畏乎巧言令色孔壬？」

CD1-14

2

皋陶曰：「都！亦行有九德；亦言其人有德，乃言曰：載采采。」禹曰：「何？」皋陶曰：「寬而栗，柔而立，愿而恭，亂而敬，擾而毅，直而溫，簡而廉，剛而塞，彊而義。彰厥有常，

吉哉。日宣三德，夙夜浚明有家；日嚴祗敬六德，亮采有邦。翕受敷施，九德咸事；俊乂在官，百僚師師，百工惟時。撫于五

CD1-15

辰，庶績其凝。無教逸欲有邦，兢兢業業，一日二日萬幾。無曠庶官，天工人其代之。天敘有典，勑我五典五惇哉；天秩有禮，自我五禮有庸哉。同寅協恭和衷哉。天命有德，五服五章哉；天討有罪，五刑五用哉。政事懋哉懋哉。天聰明，自我民聰明；天明畏，自我民明威。達于上下，敬哉有土！」

CD1-16

3 皋陶曰：「朕言惠，可厎行？」禹曰：「俞，乃言厎可績。」

皋陶曰：「予未有知，思曰贊贊襄哉。」

CD1-17

4

帝曰：「來，禹！汝亦昌言。」禹拜曰：「都！帝！予何言？予思日孜孜。」皋陶曰：「吁！如何？」禹曰：「洪水滔天，浩浩懷山襄陵；下民昏墊。予乘四載，隨山刊木，暨益奏庶鮮食。予決九川，距四海；濬畎澮，距川。暨稷播奏庶艱食、鮮食，懋遷有無化居。烝民乃粒，萬邦作乂。」皋陶曰：「俞！師汝昌言。」

禹曰：「都，帝！慎乃在位。」帝曰：「俞。」禹曰：「安汝

CD1-18

止，惟幾惟康，其弼直；惟動丕應。徯志以昭受上帝，天其申命用休。」

5 帝曰：「吁！臣哉鄰哉！鄰哉臣哉！」禹曰：「俞。」帝曰：「臣作朕股肱耳目：予欲左右有民，汝翼；予欲宣力四方，汝為；予欲觀古人之象，日、月、星辰、山、龍、華蟲，作會，宗彝、藻、火、粉米、黼、黻，絺繡，以五采彰施于五色，作服，汝明；予欲聞六律、五聲、八音，在治忽，以出納五言，汝聽；予違，汝弼，汝無面從，退有後言。欽四鄰，庶頑讒說，若不在時，侯以明之，撻以記之；書用識哉，欲竝生哉。工以納言，時而颺之；格則承之庸之，否則威之。」

CD1-19

6 禹曰：「俞哉，帝！光天之下，至于海隅蒼生，萬邦黎獻，共惟帝臣，惟帝時舉。敷納以言，明庶以功，車服以庸。誰敢不讓，敢不敬應？帝不時敷，同日奏，罔功。無若丹朱傲，惟慢遊是好，傲虐是作，罔晝夜頟頟；罔水行舟，朋淫于家，用殄厥世。予創若時，娶于塗山，辛壬癸甲；啟呱呱而泣，予弗子，惟荒度土功。弼成五服，至于五千；州十有二師；外薄四海，咸建五長。各迪有功，苗頑弗即工。帝其念哉！」

CD1-20

7 帝曰：「迪朕德，時乃功惟敘。皋陶方祇厥敘，方施象刑，惟明。」

夔曰：「戛擊鳴球，搏拊琴瑟以詠，祖考來格。」虞賓在位，群后德讓。下管鼗鼓，合止柷敔，笙鏞以間。鳥獸蹌蹌。簫韶九成，鳳凰來儀。夔曰：「於！予擊石拊石，百獸率舞，庶尹允諧。」

CD1-21

8 帝庸作歌，曰：「勅天之命，惟時惟幾。」乃歌曰：「股肱喜哉，元首起哉，百工熙哉！」皋陶拜手稽首，颺言曰：「念哉！率作興事，慎乃憲，欽哉！屢省乃成，欽哉！」乃賡載歌曰：「元首明哉，股肱良哉，庶事康哉！」又歌曰：「元首叢脞哉，股肱惰哉，萬事墮哉！」帝拜曰：「俞，往欽哉！」

CD1-22

三、洪範

1 惟十有三祀，王訪于箕子。王乃言曰：「嗚呼！箕子，惟天陰騭下民，相協厥居，我不知其彝倫攸敘。」

箕子乃言曰：「我聞在昔，鯀陻洪水，汩陳其五行，帝乃震怒，不畀洪範九疇，彝倫攸斁。鯀則殛死，禹乃嗣興，天乃錫禹洪範九疇，彝倫攸敘。

「初一曰五行，次二曰敬用五事，次三曰農用八政，次四曰協用五紀，次五曰建用皇極，次六曰乂用三德，次七曰明用稽疑，次八曰念用庶徵，次九曰嚮用五福，威用六極。

CD1-23

2

「一、五行：一曰水，二曰火，三曰木，四曰金，五曰土。水曰潤下，火曰炎上，木曰曲直，金曰從革，土爰稼穡。潤下作鹹，炎上作苦，曲直作酸，從革作辛，稼穡作甘。

「二、五事：一曰貌，二曰言，三曰視，四曰聽，五曰思。貌曰恭，言曰從，視曰明，聽曰聰，思曰睿。恭作肅，從作乂，明作哲，聰作謀，睿作聖。

「三、八政：一曰食，二曰貨，三曰祀，四曰司空，五曰司徒，六曰司寇，七曰賓，八曰師。

「四、五紀：一曰歲，二曰月，三曰日，四曰星辰，五曰厤數。

CD1-24

3

「五、皇極：皇建其有極，斂時五福，用敷錫厥庶民。惟時厥庶民于汝極，錫汝保極。凡厥庶民，無有淫朋；人無有比德，惟皇作極。凡厥庶民，有猷有為有守，汝病則念之。不協于極，不罹于咎；皇則受之。而康而色，曰：『予攸好德。』汝則錫之福。時人斯其惟皇之極。無虐煢獨而畏高明。人之有能有為，使羞其行而邦其昌。凡厥正人，既富方穀；汝弗能使有好于而家，時人斯其辜。于其無好德，汝雖錫之福，其作汝用咎。無偏無陂，遵王之義；無有作好，遵王之道；無有作惡，遵王之路。無偏無

「陂」，本作「頗」；唐玄宗開元年間詔改為「陂」。

黨，王道蕩蕩；無黨無偏，王道平平；無反無側，王道正直。會其有極，歸其有極。曰皇極之敷言，是彝是訓，于帝其訓。凡厥庶民，極之敷言，是訓是行，以近天子之光。曰，天子作民父母，以為天下王。

CD1-25

4

「六、三德：一曰正直，二曰剛克，三曰柔克。平康正直，彊弗友剛克，燮友柔克；沈潛剛克，高明柔克。惟辟作福，惟辟作威，惟辟玉食。臣無有作福作威玉食；臣之有作福作威玉食，其害于而家，凶于而國。人用側頗僻，民用僭忒。

CD1-26

5

「七、稽疑：擇建立卜筮人，乃命卜筮。曰雨，曰霽，曰蒙，曰驛，曰克，曰貞，曰悔。凡七，卜五，占用二，衍忒。立時人作卜筮，三人占，則從二人之言。汝則有大疑，謀及乃心，謀及卿士，謀及庶人，謀及卜筮。汝則從、龜從、筮從、卿士從、庶民從，是之謂大同；身其康彊，子孫其逢：吉。汝則從、龜從、筮從，卿士逆、庶民逆：吉。卿士從、龜從、筮從，汝則逆、庶民逆：吉。庶民從、龜從、筮從，汝則逆、卿士逆：吉。汝則從、龜從，筮逆、卿士逆、庶民逆：作內吉，作外凶。龜筮共違于人：用靜，吉；用作，凶。

CD1-27

6 「八、庶徵：曰雨、曰暘、曰燠、曰寒、曰風、曰時。五者來備，各以其敘，庶草蕃廡。一極備凶，一極無凶。曰休徵：曰肅，時雨若；曰乂，時暘若；曰哲，時燠若；曰謀，時寒若；曰聖，時風若。曰咎徵：曰狂，恆雨若；曰僭，恆暘若；曰豫，恆燠若；曰急，恆寒若；曰蒙，恆風若。曰王省惟歲，卿士惟月，師尹惟日。

CD1-28

歲月日時無易，百穀用成，乂用明，俊民用章，家用平康。日月歲時既易，百穀用不成，乂用昏不明，俊民用微，家用不寧。庶民惟星，星有好風，星有好雨。日月之行，則有冬有夏；月之從星，則以風雨。

「九、五福：一曰壽，二曰富，三曰康寧，四曰攸好德，五曰考終命。六極：一曰凶短折，二曰疾，三曰憂，四曰貧，五曰惡，六曰弱。」

CD1-29

四、召誥

1 惟二月既望，越六日乙未，王朝步自周，則至于豐。

惟太保先周公相宅，越若來三月，惟丙午朏。越三日戊申，太保朝至于洛，卜宅。厥既得卜，則經營。越三日庚戌，太保乃以庶殷，攻位於洛汭；越五日甲寅，位成。若翼日乙卯，周公朝至于洛，則達觀于新邑營。越三日丁巳，用牲于郊，牛二。越翼日戊午，乃社于新邑，牛一，羊一，豕一。越七日甲子，周公乃朝用書命庶殷侯、甸、男、邦伯。厥既命殷庶，庶殷丕作。

CD1-30

2 太保乃以庶邦冢君，出取幣，乃復入，錫周公。曰：「拜手稽首，旅王若公。誥告庶殷，越自乃御事。嗚呼！皇天上帝，

CD1-31

改厥元子茲大國殷之命。惟王受命，無疆惟休，亦無疆惟恤。嗚呼！曷其奈何弗敬！

「天既遐終大邦殷之命。茲殷多先哲王在天，越厥後王後民，茲服厥命；厥終智藏瘝在。夫知保抱攜持厥婦子，以哀籲天；徂厥亡出執。

「嗚呼！天亦哀于四方民，其眷命用懋，王其疾敬德！相古先民有夏，天迪從子保，面稽天若，今時既墜厥命。今相有殷，天迪格保，面稽天若，今時既墜厥命。今沖子嗣，則無遺壽耇；

曰其稽我古人之德，矧曰其有能稽謀自天。嗚呼！有王雖小，元子哉。其丕能諴于小民。今休。王不敢後，用顧畏于民碞。

「王來紹上帝，自服于土中。旦曰：『其作大邑，其自時配皇天；毖祀于上下，其自時中乂。王厥有成命，治民今休。』王先服殷御事，比介于我有周御事。節性，惟日其邁；王敬作所，不可不敬德。

CD1-32

3

「我不可不監于有夏，亦不可不監于有殷。我不敢知，曰有夏服天命，惟有歷年；我不敢知，曰不其延，惟不敬厥德，乃早

CD1-33

墜厥命。我不敢知，曰有殷受天命，惟有歷年；我不敢知，曰不其延，惟不敬厥德，乃早墜厥命。今王嗣受厥命，我亦惟茲二國命，嗣若功。王乃初服。嗚呼！若生子，罔不在厥初生，自貽哲命。今天其命哲，命吉凶，命歷年。知今我初服，宅新邑，肆惟王其疾敬德。王其德之用，祈天永命。

「其惟王勿以小民淫用非彝，亦敢殄戮；用乂民，若有功。其惟王位在德元，小民乃惟刑；用于天下，越王顯。上下勤恤，其曰：『我受天命，丕若有夏歷年，式勿替有殷歷年。』欲王以小民受天永命。」

拜手稽首曰：「予小臣，敢以王之讎民、百君子、越友民，保受王威命明德。王末有成命，王亦顯。我非敢勤，惟恭奉幣，用供王，能祈天永命。」

CD1-34

五、秦誓

公曰：「嗟！我士！聽無譁！予誓告汝群言之首。古人有言曰：『民訖自若是多盤。責人斯無難；惟受責俾如流，是惟艱

CD1-35

「他」，今讀tā，後仿此。

哉。』我心之憂，日月逾邁，若弗云來。惟古之謀人，則曰未就予忌；惟今之謀人，姑將以為親。雖則云然，尚猷詢茲黃髮，則罔所愆。番番良士，旅力既愆，我尚有之。仡仡勇夫，射御不違，我尚不欲。惟截截善諞言，俾君子易辭，我皇多有之！

「昧昧我思之：如有一介臣，斷斷猗，無他技，其心休休焉，其如有容。人之有技，若己有之；人之彥聖，其心好之，不啻若自其口出：是能容之。以保我子孫黎民，亦職有利哉。人之有技，冒疾以惡之；人之彥聖，而違之俾不達，是不能容。以不能保我子孫黎民，亦曰殆哉。邦之杌隉，曰由一人；邦之榮懷，亦尚一人之慶。」

周禮選

一、春官　宗伯　大司樂

CD1-36

1 大司樂。掌成均之法，以治建國之學政，而合國之子弟焉。凡有道者，有德者，使教焉。死則以為樂祖，祭於瞽宗。以樂德教國子：中、和、祇、庸、孝、友。以樂語教國子：興、道、諷、誦、言、語。以樂舞教國子，舞《雲門》、《大卷》、《大咸》、

「諷」，今音fěng。

《大磬》、《大夏》、《大濩》、《大武》。以六律、六同、五聲、八音、六舞，大合樂以致鬼神祇，以和邦國，以諧萬民，以安賓客，以說遠人，以作動物。

CD1-37

2

乃分樂而序之，以祭，以享，以祀。乃奏黃鍾，歌大呂，舞《雲門》，以祀天神。乃奏大蔟，歌應鍾，舞《咸池》，以祭地祇。乃奏姑洗，歌南呂，舞《大磬》，以祀四望。乃奏蕤賓，歌函鍾，舞《大夏》，以祭山川。乃奏夷則，歌小呂，舞《大濩》，以享先妣。乃奏無射，歌夾鍾，舞《大武》，以享先祖。凡六樂者，文之以五聲，播之以八音。凡六樂者，一變而致羽物及川澤之祇，再變而致臝物及山林之祇，三變而致鱗物及丘陵之祇，四變而致毛物及墳衍之祇，五變而致介物及土祇，六變而致象物及天神。

CD1-38

3

凡樂，圜鍾為宮，黃鍾為角，大蔟為徵，姑洗為羽，靁鼓靁鼗，孤竹之管，雲和之琴瑟，《雲門》之舞；冬日至，於地上之圜丘奏之，若樂六變，則天神皆降，可得而禮矣。凡樂，函鍾為宮，大蔟為角，姑洗為徵，南呂為羽，靈鼓靈鼗，孫竹之管，空桑之琴瑟，《咸池》之舞；夏日至，於澤中之方丘奏之，若樂八變，則地祇皆出，可得而禮矣。凡樂，黃鍾為宮，大呂為角，大蔟為徵，應鍾為羽，路鼓路鼗，陰竹之管，龍門之琴瑟，《九德》之歌，《九磬》之舞，於宗廟之中奏之，若樂九變，則人鬼可得而禮矣。

4 凡樂事：大祭祀，宿縣，遂以聲展之。王出入，則令奏《王夏》；尸出入，則令奏《肆夏》；牲出入，則令奏《昭夏》。帥國子而舞。大饗不入牲，其他皆如祭祀。大射，王出入，令奏《王夏》；及射，令奏《騶虞》。詔諸侯以弓矢舞。王大食，三宥，皆令奏鍾鼓。王師大獻，則令奏愷樂。凡日月食，四鎮五嶽崩，大傀異烖，諸侯薨，令去樂。大札、大凶、大烖、大臣死，凡國之大憂，令弛縣。凡建國，禁其淫聲、過聲、凶聲、慢聲。大喪，涖廞樂器；及葬，藏樂器，亦如之。

CD1-40

二、冬官考工記（節）

1 國有六職，百工與居一焉。

或坐而論道；或作而行之；或審曲面埶，以飭五材，以辨民器；或通四方之珍異以資之；或飭力以長地財；或治絲麻以成之。

坐而論道，謂之王公。作而行之，謂之士大夫。審曲面埶，以飭五材，以辨民器，謂之百工。通四方之珍異以資之，謂之商旅。飭力以長地財，謂之農夫。治絲麻以成之，謂之婦功。

CD1-41

2

粤無鎛，燕無函，秦無廬，胡無弓車。粤之無鎛也，非無鎛也，夫人而能為鎛也。燕之無函也，非無函也，夫人而能為函也。秦之無廬也，非無廬也，夫人而能為廬也。胡之無弓車也，非無弓車也，夫人而能為弓車也。知者創物，巧者述之，守之世，謂之工。百工之事，皆聖人之作也。爍金以為刃，凝土以為器，作車以行陸，作舟以行水，此皆聖人之所作也。

CD1-42

3

天有時，地有氣，材有美，工有巧。合此四者，然後可以為良。材美工巧，然而不良，則不時、不得地氣也。橘踰淮而北為枳，鸜鵒不踰濟，貉踰汶則死，此地氣然也。鄭之刀，宋之斤，魯之削，吳粵之劍，遷乎其地而弗能為良，地氣然也。燕之

「削」，又讀xuè。

角，荊之幹，妢胡之笴，吳粵之金錫，此材之美者也。天有時以生，有時以殺；草木有時以生，有時以死；石有時以泐；水有時以凝，有時以澤，此天時也。（下略）

儀禮選

CD1-43

1

士冠禮　第一（節）

士冠禮。

筮于廟門。主人玄冠、朝服、緇帶、素韠，即位于門東，西面。有司如主人服，即位于西方，東面，北上。筮與席、所卦者，具饌于西塾。布席于門中，闑西閾外，西面。筮人執筴，抽上韇，兼執之，進受命於主人。宰自右少退，贊命。筮人許諾，右還，即席坐，西面。卦者在左。卒筮，書卦，執以示主人。主人受，眡，反之。筮人還，東面。旅占，卒，進告吉。若不吉，則筮遠日，如初儀。徹筮席。宗人告事畢。

shàng dú jiān zhí zhī jìn shòu mìng yú zhǔ rén zǎi zì yòu shǎo tuì zàn mìng shì rén xǔ nuò yòu huán jí xí zuò xī miàn guà zhě zài zuǒ zú shì shū guà zhí yǐ shì zhǔ rén zhǔ rén shòu shì fǎn zhī shì rén huán dōng miàn lǚ zhān zú jìn gào jí ruò bù jí zé shì yuǎn rì rú chū yí chè shì xí zōng rén gào shì bì

CD1-44

2

主人戒賓。賓禮辭，許。主人再拜，賓答拜。主人退，賓拜送。

zhǔ rén jiè bīn bīn lǐ cí xǔ zhǔ rén zài bài bīn dá bài zhǔ rén tuì bīn bài sòng

前期三日，筮賓，如求日之儀。

qián qī sān rì shì bīn rú qiú rì zhī yí

乃宿賓。賓如主人服，出門左，西面再拜。主人東面答拜，

nǎi sù bīn bīn rú zhǔ rén fú chū mén zuǒ xī miàn zài bài zhǔ rén dōng miàn dá bài

乃宿賓。賓許。主人再拜，賓答拜。主人退，賓拜送。宿贊冠者一人，亦如之。

厥明夕為期。于廟門之外。主人立于門東，兄弟在其南，少退，西面，北上。有司皆如宿服，立于西方，東面，北上。擯者請期，宰告曰：「質明行事。」告兄弟及有司。告事畢，擯者告期于賓之家。

CD1-45

3

夙興，設洗，直于東榮。南北以堂深。水在洗東。陳服于房中西墉下，東領，北上。爵弁服：纁裳，純衣，緇帶，韎韐。皮弁服：素積，緇帶，素韠。玄端：玄裳、黃裳、雜裳可也，緇帶，爵韠。緇布冠缺項，青組纓屬于缺；緇纚，廣終幅，長六尺；皮弁笄；爵弁笄；緇組紘，纁邊，同篋。櫛實于簞。蒲筵二，在南。側尊一甒醴，在服北。有篚實勺、觶、角柶，脯醢，南上。爵弁，皮弁，緇布冠，各一匴，執以待于西坫南，南面，東上。賓升則東面。

「纚」，或讀xǐ，後仿此。

「櫛」，或讀zhì，後仿此。

CD1-46

4

主人玄端爵韠，立于阼階下，直東序，西面。兄弟畢袗玄，立于洗東，西面，北上。擯者玄端，負東塾。將冠者采衣，紒，在房中，南面。賓如主人服，贊者玄端從之，立于外門之外。擯者告。主人迎，出門左，西面，再拜。賓答拜。主人揖贊者，與賓揖，先入。每曲，揖。至于廟門，揖，入。三揖，至于階，三讓。主人升，立于序端，西面；賓西序，東面。贊者盥于洗西，升，立于房中，西面，南上。

CD1-47

5

主人之贊者筵于東序，少北，西面。將冠者出房，南面。贊者奠纚、笄、櫛于筵南端。賓揖將冠者，將冠者即筵坐。贊者

CD1-48

坐，櫛，設纚。賓降，主人降；賓辭，主人對。賓盥，卒，壹揖，壹讓，升。主人升，復初位。賓筵前坐。正纚，興，降西階一等。執冠者升一等，東面授賓。賓右手執項，左手執前，進容，乃祝。坐如初，乃冠，興，復位。贊者卒。冠者興，賓揖之。適房，服玄端爵韠，出房，南面。

6

賓揖之，即筵坐。櫛，設笄。賓盥，正纚如初，降二等，受皮弁，右執項，左執前，進祝，加之如初，復位。贊者卒紘。興，賓揖之。適房，服素積素韠，容，出房，南面。

賓降三等，受爵弁，加之。服纁裳韎韐。其他如加皮弁之儀。徹皮弁、冠、櫛、筵入于房。筵于戶西，南面。贊者洗于房中，側酌醴，加柶，覆之，面葉。賓揖，冠者就筵，筵西，南面。賓授醴于戶東，加柶，面枋，筵前，北面。冠者筵西拜，受觶，賓東面答拜。薦脯醢。冠者即筵坐，左執觶，右祭脯醢，以柶祭醴三，興。筵末坐，啐醴，建柶，興。降筵，坐奠觶，拜，執觶興。賓答拜。

CD1-49

7 冠者奠觶于薦東，降筵，北面坐取脯，降自西階，適東壁，北面見于母。母拜受，子拜送，母又拜。賓降，直西序，東面。主人降，復初位。冠者立于西階東，南面。賓字之，冠者對。

賓出，主人送于廟門外，請醴賓。賓禮辭，許。賓就次。冠者見於兄弟，兄弟再拜，冠者答拜。見贊者，西面拜，亦如之。入見姑、姊，如見母。

「見」贊，或音xiàn。下「見」姑、「見」母並同。

乃易服，服玄冠、玄端、爵韠，奠摯見于君。遂以摯見於鄉大夫、鄉先生。

乃醴賓，以壹獻之禮。主人酬賓，束帛、儷皮。贊者皆與。贊冠者為介。

賓出，主人送于外門外，再拜。歸賓俎。

（中略「若不醴」節）

CD1-50

8

戒賓，曰：「某有子某，將加布於其首，願吾子之教之也。」賓對曰：「某不敏，恐不能共事，以病吾子，敢辭。」主人曰：「某猶願吾子之終教之也！」賓對曰：「吾子重有命，某敢不從？」宿，曰：「某將加布於某之首，吾子將莅之，敢宿。」賓對曰：「某敢不夙興！」

始加，祝曰：「令月吉日，始加元服。棄爾幼志，順爾成德。壽考惟祺，介爾景福。」再加，曰：「吉月令辰，乃申爾服。敬爾威儀，淑慎爾德。眉壽萬年，永受胡福。」三加，曰：「以歲之正，以月之令，咸加爾服。兄弟具在，以成厥德。黄耇無疆，受天之慶。」

CD1-51

9 醴辭曰：「甘醴惟厚，嘉薦令芳。拜受祭之，以定爾祥。承天之休，壽考不忘。」

醮辭曰：「旨酒既清，嘉薦亶時。始加元服，兄弟具來。孝友時格，永乃保之。」再醮，曰：「旨酒既湑，嘉薦伊脯。乃申爾服，禮儀有序。祭此嘉爵，承天之祜。」三醮，曰：「旨酒令芳，籩豆有楚。咸加爾服，肴升折俎。承天之慶，受福無疆。」

字辭曰：「禮儀既備，令月吉日，昭告爾字。爰字孔嘉，髦士攸宜。宜之于假，永受保之，曰伯某甫。」仲、叔、季，唯其所當。（下略）

禮記選

一、曲禮上第一（節）

CD2-1

1

曲禮曰：毋不敬，儼若思，安定辭。安民哉！敖不可長，欲不可從，志不可滿，樂不可極。賢者狎而敬之，畏而愛之。愛而知其惡，憎而知其善。積而能散，安安而能遷。

CD2-2

2

臨財毋苟得，臨難毋苟免。很毋求勝，分毋求多。疑事毋質，直而勿有。

若夫，坐如尸，立如齊。禮從宜，使從俗。

夫禮者，所以定親疏，決嫌疑，別同異，明是非也。

禮，不妄說人，不辭費。禮，不踰節，不侵侮，不好狎。修身踐言，謂之善行。行修言道，禮之質也。

禮聞取於人，不聞取人。禮聞來學，不聞往教。

道德仁義，非禮不成。教訓正俗，非禮不備。分爭辨訟，非禮不決。君臣上下，父子兄弟，非禮不定。宦學事師，非禮不親。班朝治軍，涖官行法，非禮威嚴不行。禱祠祭祀，供給鬼神，非禮不誠不莊。是以君子恭敬撙節退讓以明禮。

鸚鵡能言，不離飛鳥。猩猩能言，不離禽獸。今人而無禮，雖能言，不亦禽獸之心乎？夫唯禽獸無禮，故父子聚麀。是故聖人作，為禮以教人。使人以有禮，知自別於禽獸。

太上貴德，其次務施報。禮尚往來，往而不來，非禮也；來而不往，亦非禮也。人有禮則安，無禮則危。故曰：禮者不可不學也。

夫禮者，自卑而尊人。雖負販者，必有尊也，而況富貴乎？富貴而知好禮，則不驕不淫；貧賤而知好禮，則志不懾。（下略）

CD2-3

二、檀弓第三（選）

1

事親有隱而無犯，左右就養無方，服勤至死，致喪三年。事君有犯而無隱，左右就養有方，服勤至死，方喪三年。事師無犯無隱，左右就養無方，服勤至死，心喪三年。

CD2-4

2

曾子寢疾，病。樂正子春坐於牀下，曾元、曾申坐於足，童子隅坐而執燭。童子曰：「華而睆，大夫之簀與？」子春曰：「止！」曾子聞之，瞿然曰：「呼！」曰：「華而睆，大夫之簀與？」曾子曰：「然，斯季孫之賜也，我未之能易也。元！起易簀。」曾元曰：「夫子之病革矣，不可以變，幸而至於旦，請敬易之。」曾子曰：「爾之愛我也不如彼。君子之愛人也以德，細人之愛人也以姑息。吾何求哉？吾得正而斃焉，斯已矣。」舉扶而易之。反席未安而沒。

CD2-5

「曳」，讀音yì。

3 子張病，召申祥而語之曰：「君子曰終，小人曰死，吾今日其庶幾乎？」

4 孔子蚤作，負手曳杖，消搖於門，歌曰：「泰山其頹乎，梁木其壞乎，哲人其萎乎！」既歌而入，當戶而坐。子貢聞之曰：「泰山其頹，則吾將安仰？梁木其壞、哲人其萎，則吾將安放？夫子殆將病也！」遂趨而入。夫子曰：「賜！爾來何遲也？夏后氏殯於東階之上，則猶在阼也；殷人殯於兩楹之間，則與賓主夾之也；周人殯於西階之上，則猶賓之也。而丘也殷人也。予疇昔之夜，夢坐奠於兩楹之間。夫明王不興，而天下其孰能宗予？予殆將死也。」蓋寢疾七日而沒。

CD2-6

5 子路曰：「吾聞諸夫子：『喪禮，與其哀不足而禮有餘也，不若禮不足而哀有餘也。祭禮，與其敬不足而禮有餘也，不若禮不足而敬有餘也。』」

6 子夏既除喪而見，予之琴，和之不和，彈之而不成聲。作而曰：「哀未忘也。先王制禮，而弗敢過也。」子張既除喪而見，予之琴，和之而和，彈之而成聲。作而曰：「先王制禮，不敢不至焉。」

CD2-7

7 有子問於曾子曰：「問喪於夫子乎？」曰：「聞之矣，喪欲速貧，死欲速朽。」有子曰：「是非君子之言也。」曾子曰：「參也聞諸夫子也。」有子又曰：「是非君子之言也。」曾子曰：「參也與子游聞之。」有子曰：「然，然則夫子有為言之也。」曾子以斯言告於子游。子游曰：「甚哉，有子之言似夫子也！昔者夫子居於宋，見桓司馬自為石椁，三年而不成。夫子曰：『若是其靡也，死不如速朽之愈也。』死之欲速朽，為桓司馬言之也。

CD2-8

南宮

敬叔反，必載寶而朝。夫子曰：『若是其貨也，喪不如速貧之愈也。』喪之欲速貧，為敬叔言之也。」曾子以子游之言告於有子，有子曰：「然，吾固曰非夫子之言也。」曾子曰：「子何以知之？」有子曰：「夫子制於中都，四寸之棺，五寸之椁，以斯知不欲速朽也。昔者夫子失魯司寇，將之荊，蓋先之以子夏，又申之以冉有，以斯知不欲速貧也。」

CD2-9

8 成子高寢疾，慶遺入，請曰：「子之病革矣，如至乎大病，則如之何？」子高曰：「吾聞之也：生有益於人，死不害於人。

吾縱生無益於人，吾可以死害於人乎哉？我死，則擇不食之地而葬我焉。」

CD2-10

9

晉獻公之喪，秦穆公使人弔公子重耳，且曰：「寡人聞之，亡國恆於斯，得國恆於斯，雖吾子儼然在憂服之中，喪亦不可久也，時亦不可失也。孺子其圖之。」以告舅犯，舅犯曰：「孺子其辭焉。喪人無寶，仁親以為寶。父死之謂何？又因以為利，而天下其孰能說之？孺子其辭焉。」公子重耳對客曰：「君惠弔亡臣重耳，身喪父死，不得與於哭泣之哀，以為君憂。父死之謂

「辱」，又讀rù，後仿此。

何？或敢有他志，以辱君義。」稽顙而不拜，哭而起，起而不私。子顯以致命於穆公。穆公曰：「仁夫，公子重耳！夫稽顙而不拜，則未為後也，故不成拜；哭而起，則愛父也；起而不私，則遠利也。」

CD2-11

10 公叔文子卒，其子戍請謚於君，曰：「日月有時，將葬矣。請所以易其名者。」君曰：「昔者衛國凶饑，夫子為粥與國之餓者，是不亦惠乎？昔者衛國有難，夫子以其死衛寡人，不亦貞乎？夫子聽衛國之政，脩其班制，以與四鄰交，衛國之社稷不

CD2-12

辱，不亦文乎？故謂夫子『貞惠文子』。」

11 陳子車死於衛，其妻與其家大夫謀以殉葬，定，而后陳子亢至，以告曰：「夫子疾，莫養於下，請以殉葬。」子亢曰：「以殉葬，非禮也。雖然，則彼疾當養者，孰若妻與宰？得已，則吾欲已；不得已，則吾欲以二子者之為之也。」於是弗果用。

12 子路曰：「傷哉貧也，生無以為養，死無以為禮也。」孔子曰：「啜菽飲水盡其歡，斯之謂孝；斂手足形，還葬而無椁，稱其財，斯之謂禮。」

CD2-13

13 孔子過泰山側，有婦人哭於墓者而哀。夫子式而聽之，使子路問之，曰：「子之哭也，壹似重有憂者。」而曰：「然！昔者吾舅死於虎，吾夫又死焉，今吾子又死焉。」夫子曰：「何為不去也？」曰：「無苛政。」夫子曰：「小子識之，苛政猛於虎也。」

14 晉獻文子成室，晉大夫發焉。張老曰：「美哉輪焉，美哉奐焉！歌於斯，哭於斯，聚國族於斯。」文子曰：「武也得歌於斯，哭於斯，聚國族於斯，是全要領以從先大夫於九京也。」北面再拜稽首。君子謂之善頌善禱。

CD2-14

15 仲尼之畜狗死，使子貢埋之，曰：「吾聞之也；敝帷不棄，為埋馬也；敝蓋不棄，為埋狗也。丘也貧，無蓋，於其封也，亦予之席，毋使其首陷焉。」路馬死，埋之以帷。

16 孔子之故人曰原壤，其母死，夫子助之沐椁。原壤登木曰：「久矣予之不託於音也。」歌曰：「貍首之斑然，執女手之卷然！」夫子為弗聞也者而過之，從者曰：「子未可以已乎？」夫子曰：「丘聞之，親者毋失其為親也，故者毋失其為故也。」

三、禮運 第九（節）

CD2-15

1 昔者仲尼與於蜡賓，事畢，出遊於觀之上，喟然而嘆。仲尼之嘆，蓋嘆魯也。言偃在側曰：「君子何嘆？」孔子曰：「大道之行也，與三代之英，丘未之逮也，而有志焉。」

CD2-16

2 「大道之行也，天下為公。選賢與能，講信脩睦，故人不獨親其親，不獨子其子，使老有所終，壯有所用，幼有所長，矜寡孤獨廢疾者，皆有所養。男有分，女有歸。貨惡其棄於地也，不

CD2-17

必藏於己；力惡其不出於身也，不必為己。是故，謀閉而不興，盜竊亂賊而不作，故外戶而不閉，是謂大同。

3

「今大道既隱，天下為家。各親其親，各子其子，貨力為己。大人世及以為禮，城郭溝池以為固，禮義以為紀；以正君臣，以篤父子，以睦兄弟，以和夫婦，以設制度，以立田里，以賢勇知，以功為己。故謀用是作，而兵由此起。禹湯文武成王周公，由此其選也。此六君子者，未有不謹於禮者也。以著其義，以考其信，著有過，刑仁講讓，示民有常。如有不由此者，在埶者

去，眾以為殃，是謂小康。」（下略）

四、學記 第十八

CD2-18

1 發慮憲，求善良，足以謏聞，不足以動眾。就賢體遠，足以動眾，未足以化民。君子如欲化民成俗，其必由學乎！

玉不琢，不成器；人不學，不知道。是故古之王者，建國君民，教學為先。《兌命》曰：「念終始典于學」。其此之謂乎！

雖有嘉肴，弗食，不知其旨也；雖有至道，弗學，不知其善

「教」，動詞：jiāo，名詞：jiào。

也。是故，學，然後知不足；教，然後知困。知不足，然後能自反也；知困，然後能自強也。故曰：教學相長也。《兑命》曰：「學學半」。其此之謂乎！

CD2-19

2

古之教者，家有塾，黨有庠，術有序，國有學。比年入學，中年考校，一年視離經辨志，三年視敬業樂群，五年視博習親師，七年視論學取友，謂之「小成」。九年知類通達，強立而不反，謂之「大成」。夫然後足以化民易俗，近者說服，而遠者懷之。此大學之道也。《記》曰：「蛾子時術之」。其此之謂乎！

CD2-20

3 大學始教，皮弁祭菜，示敬道也；宵雅肄三，官其始也；入學鼓篋，孫其業也；夏楚二物，收其威也；未卜禘不視學，游其志也；時觀而弗語，存其心也；幼者聽而弗問，學不躐等也：此七者，教之大倫也。《記》曰：「凡學，官先事，士先志。」其此之謂乎！

CD2-21

大學之教也，時教必有正業，退息必有居學。不學操縵，不能安弦；不學博依，不能安詩；不學雜服，不能安禮；不興其藝，不能樂學。故君子之於學也，藏焉，脩焉，息焉，游焉。夫然，故安其學而親其師，樂其友而信其道，是以雖離師輔而不反也。《兌命》曰：「敬孫務時敏，厥脩乃來。」其此之謂乎！今之教者，呻其佔畢，多其訊言。及于數進，而不顧其安；使人不由其誠，教人不盡其材；其施之也悖，其求之也佛。夫然，故隱其學而疾其師，苦其難而不知其益也，雖終其業，其去之必速。教之不刑，其此之由乎！

「數」，今讀shù。

CD2-22

4

大學之法，禁於未發之謂豫，當其可之謂時，不陵節而施之謂孫，相觀而善之謂摩：此四者，教之所由興也。發然後禁，則扞格而不勝；時過然後學，則勤苦而難成；雜施而不孫，則壞亂而不脩；獨學而無友，則孤陋而寡聞；燕朋，逆其師；燕辟，廢其學：此六者，教之所由廢也。君子既知教之所由興，又知教之所由廢，然後可以為人師也。故君子之教喻也，道而弗牽，強而弗抑，開而弗達。道而弗牽則和，強而弗抑則易，開而弗達則思：和易以思，可謂善喻矣！

CD2-23

5 學者有四失，教者必知之。人之學也，或失則多，或失則寡，或失則易，或失則止：此四者，心之莫同也。知其心，然後能救其失也。教也者，長善而救其失者也。善歌者使人繼其聲，善教者使人繼其志。其言也，約而達，微而臧，罕譬而喻，可謂繼志矣！

君子知至學之難易，而知其美惡，然後能博喻；能博喻，然後能為師；能為師，然後能為長；能為長，然後能為君。故師也者，所以學為君也。是故擇師不可不慎也。《記》曰：「三王、四代唯其師。」其此之謂乎！

CD2-24

6 凡學之道，嚴師為難。師嚴然後道尊，道尊然後民知敬學。

是故君之所不臣於其臣者二：當其為尸，則弗臣也；當其為師，則弗臣也。大學之禮，雖詔於天子，無北面，所以尊師也。

善學者，師逸而功倍，又從而庸之。不善學者，師勤而功半，又從而怨之。善問者，如攻堅木，先其易者，後其節目，及其久也，相說以解。不善問者，反此。善待問者，如撞鐘，叩之以小者則小鳴，叩之以大者則大鳴；待其從容，然後盡其聲。不善答問者反此。此皆進學之道也。

「從」，或讀 cóng。

CD2-25

7 記問之學，不足以為人師。必也其聽語乎！力不能問，然後語之。語之而不知，雖舍之可也。

良冶之子，必學為裘；良弓之子，必學為箕；始駕馬者反之，車在馬前。君子察於此三者，可以有志於學矣。

古之學者，比物醜類。鼓無當於五聲，五聲弗得不和；水無當於五色，五色弗得不章；學無當於五官，五官弗得不治；師無當於五服，五服弗得不親。君子曰：「大德不官，大道不器，大信不約，大時不齊。」察於此四者，可以有志於本矣。三王之祭川也，皆先河而後海。或源也，或委也，此之謂務本。

「本」，或作「學」。

CD2-26

五、樂記 第十九（節）

1 凡音之起，由人心生也。人心之動，物使之然也。感於物而動，故形於聲；聲相應，故生變；變成方，謂之音。比音而樂之，及干戚羽旄，謂之樂。樂者，音之所由生也。其本在人心之感於物也。是故，其哀心感者，其聲噍以殺；其樂心感者，其聲嘽以緩；其喜心感者，其聲發以散；其怒心感者，其聲粗以厲；其敬心感者，其聲直以廉；其愛心感者，其聲和以柔。六者，非性也，感於物而后動。是故，先王慎所以感之者。故禮以道其

「噍」，或讀jiāo、jiào。

志，樂以和其聲，政以一其行，刑以防其姦。禮樂刑政，其極一也，所以同民心而出治道也。

凡音者，生人心者也。情動於中，故形於聲。聲成文，謂之音。是故，治世之音安以樂，其政和；亂世之音怨以怒，其政乖；亡國之音哀以思，其民困。聲音之道，與政通矣。

CD2-28

2

宮為君，商為臣，角為民，徵為事，羽為物。五者不亂，則無怗懘之音矣。宮亂則荒，其君驕；商亂則陂，其官壞；角亂則憂，其民怨；徵亂則哀，其事勤；羽亂則危，其財匱。五者皆

CD2-29

亂，迭相陵，謂之慢。如此，則國之滅亡無日矣。鄭衛之音，亂世之音也，比於慢矣；桑間濮上之音，亡國之音也，其政散，其民流，誣上行私，而不可止也。

凡音者，生於人心者也；樂者，通倫理者也。是故，知聲而不知音者，禽獸是也；知音而不知樂者，眾庶是也。唯君子為能知樂，是故，審聲以知音，審音以知樂，審樂以知政，而治道備矣。是故，不知聲者，不可與言音；不知音者，不可與言樂。知樂，則幾於禮矣。禮樂皆得，謂之有德，德者，得也。

CD2-30

是故，樂之隆，非極音也；食饗之禮，非致味也。《清廟》之瑟，朱弦而疏越，壹倡而三歎，有遺音者矣；大饗之禮，尚玄酒而俎腥魚，大羹不和，有遺味者矣。是故，先王之制禮樂也，非以極口腹耳目之欲也，將以教民平好惡，而反人道之正也。

CD2-31

3

人生而靜，天之性也；感於物而動，性之欲也。物至知知，然後好惡形焉。好惡無節於內，知誘於外，不能反躬，天理滅矣。夫物之感人無窮，而人之好惡無節，則是物至而人化物也。人化物也者，滅天理而窮人欲者也。於是有悖逆詐偽之心，有

CD2-32

淫泆作亂之事。是故，強者脅弱，眾者暴寡，知者詐愚，勇者苦怯，疾病不養，老幼孤獨不得其所，此大亂之道也。

是故，先王之制禮樂，人為之節：衰麻哭泣，所以節喪紀也；鐘鼓干戚，所以和安樂也；昏姻冠笄，所以別男女也；射鄉食饗，所以正交接也。禮節民心，樂和民聲；政以行之，刑以防之。禮樂刑政，四達而不悖，則王道備矣。

樂者為同，禮者為異；同則相親，異則相敬；樂勝則流，禮勝則離。合情飾貌者，禮樂之事也。禮義立，則貴賤等矣；樂文同，則上下和矣；好惡著，則賢不肖別矣；刑禁暴、爵舉賢，則政均矣。仁以愛之，義以正之。如此，則民治行矣。

CD2-33

4

樂由中出，禮自外作。樂由中出，故靜；禮自外作，故文。大樂必易，大禮必簡。樂至則無怨，禮至則不爭。揖讓而治天下者，禮樂之謂也。暴民不作，諸侯賓服，兵革不試，五刑不用，百姓無患，天子不怒。如此，則樂達矣。合父子之親，明長幼之序，以敬四海之內，天子如此，則禮行矣。

大樂與天地同和，大禮與天地同節。和，故百物不失；

節，故祀天祭地。明，則有禮樂；幽，則有鬼神。如此，則四海之內，合敬同愛矣。禮者，殊事合敬者也；樂者，異文合愛者也。禮樂之情同，故明王以相沿也。故事與時並，名與功偕。

「偕」，今讀xié。

CD2-34

故鐘鼓管磬、羽籥干戚，樂之器也；屈伸俯仰、綴兆舒疾，樂之文也；簠簋俎豆、制度文章，禮之器也；升降上下、周還裼襲，禮之文也。故知禮樂之情者，能作；識禮樂之文者，能述。作者之謂聖，述者之謂明。明聖者，述作之謂也。

CD2-35

5 樂者，天地之和也；禮者，天地之序也。和，故百物皆化；序，故群物皆別。樂由天作，禮以地制；過制則亂，過作則暴。明於天地，然後能興禮樂也。論倫無患，樂之情也；欣喜歡愛，樂之官也；中正無邪，禮之質也；莊敬恭順，禮之制也。若夫禮樂之施於金石，越於聲音，用於宗廟社稷，事乎山川鬼神，則此所與民同也。

CD2-36

王者，功成作樂，治定制禮。其功大者，其樂備；其治辯者，其禮具。干戚之舞，非備樂也；孰亨而祀，非達禮也。五帝殊時，不相沿樂；三王異世，不相襲禮。樂極則憂，禮粗則偏矣。及夫敦樂而無憂，禮備而不偏者，其唯大聖乎！

天高地下，萬物散殊，而禮制行矣；流而不息，合同而化，而樂興焉。春作夏長，仁也；秋斂冬藏，義也。仁近於樂，義近於禮。樂者敦和，率神而從天；禮者別宜，居鬼而從地。故聖人作樂以應天，制禮以配地，禮樂明備，天地官矣。

CD2-37

6

天尊地卑，君臣定矣；卑高已陳，貴賤位矣；動靜有常，小大殊矣。方以類聚，物以群分，則性命不同矣。在天成象，在地成形。如此，則禮者，天地之別也。地氣上齊，天氣下降；陰陽相摩，天地相蕩；鼓之以雷霆，奮之以風雨；動之以四時，煖之以日月，而百化興焉。如此，則樂者，天地之和也。

化不時，則不生；男女無辨，則亂升：天地之情也。及夫禮樂之極乎天而蟠乎地，行乎陰陽而通乎鬼神，窮高極遠而測深厚。樂著大始，而禮居成物。著不息者，天也；著不動者，地也。一動一靜者，天地之間也。故聖人曰「禮樂」云。（下略）

CD2-38

六、經解 第二十六

1 孔子曰：「入其國，其教可知也。其為人也：溫柔敦厚，《詩》教也；疏通知遠，《書》教也；廣博易良，《樂》教也；絜靜精微，《易》教也；恭儉莊敬，《禮》教也；屬辭比事，《春秋》教也。故《詩》之失，愚；《書》之失，誣；《樂》之失，奢；《易》之失，賊；《禮》之失，煩；《春秋》之失，亂。其為人也：溫柔敦厚而不愚，則深於《詩》者也；疏通知遠而不誣，則深於《書》者也；廣博易良而不奢，則深於《樂》者也；絜靜精微而不賊，則深於《易》者也；恭儉莊敬而不煩，則深於《禮》者也；屬辭比事而不亂，則深於《春秋》者也。」

CD2-39

2

天子者，與天地參。故德配天地，兼利萬物，與日月並明，明照四海而不遺微小。其在朝廷，則道仁聖禮義之序；燕處，則聽《雅》《頌》之音；行步，則有環佩之聲；升車，則有鸞和之音。居處有禮，進退有度，百官得其宜，萬事得其序。《詩》云：「淑人君子，其儀不忒；其儀不忒，正是四國。」此之謂也。發號出令而民說，謂之和；上下相親，謂之仁；民不求其所欲而得之，謂之信；除去天地之害，謂之義。義與信，和與仁，霸王之器也。有治民之意而無其器，則不成。

CD2-40

3

禮之於正國也，猶衡之於輕重也，繩墨之於曲直也，規矩之於方圓也。故：衡誠縣，不可欺以輕重；繩墨誠陳，不可欺以曲直；規矩誠設，不可欺以方圓；君子審禮，不可誣以姦詐。是故，隆禮由禮，謂之有方之士；不隆禮不由禮，謂之無方之民。敬讓之道也。故以奉宗廟則敬，以入朝廷則貴賤有位，以處室家則父子親、兄弟和，以處鄉里則長幼有序。孔子曰：「安上治民，莫善於禮。」此之謂也。

CD2-41

4 故朝覲之禮，所以明君臣之義也。聘問之禮，所以使諸侯相尊敬也。喪祭之禮，所以明臣子之恩也。鄉飲酒之禮，所以明長幼之序也。昏姻之禮，所以明男女之別也。夫禮，禁亂之所由生，猶坊止水之所自來也。故以舊坊為無所用而壞之者，必有水敗；以舊禮為無所用而去之者，必有亂患。

CD2-42

故昏姻之禮廢，則夫婦之道苦，而淫辟之罪多矣；鄉飲酒之禮廢，則長幼之序失，而爭鬥之獄繁矣；喪祭之禮廢，則臣子之恩薄，而倍死忘生者眾矣；聘覲之禮廢，則君臣之位失，諸侯之行惡，而倍畔侵陵之敗起矣。

故禮之教化也微，其止邪也於未形，使人日徙善遠罪而不自知也。是以先王隆之也。《易》曰：「君子慎始，差若毫釐，繆以千里。」此之謂也。

CD2-43

七、孔子閒居　第二十九

孔子閒居，子夏侍。子夏曰：「敢問《詩》云『凱弟君子，

CD2-44

民之父母』，何如斯可謂民之父母矣？」孔子曰：「夫民之父母乎！必達於禮樂之原，以致五至，而行三無，以橫於天下，四方有敗，必先知之。此之謂民之父母矣。」

2

子夏曰：「民之父母，既得而聞之矣；敢問何謂五至？」孔子曰：「志之所至，詩亦至焉；詩之所至，禮亦至焉；禮之所至，樂亦至焉；樂之所至，哀亦至焉。哀樂相生。是故，正明目而視之，不可得而見也；傾耳而聽之，不可得而聞也；志氣塞乎天地，此之謂五至。」

CD2-45

3 子夏曰：「五至既得而聞之矣，敢問何謂三無？」孔子曰：「無聲之樂，無體之禮，無服之喪，此之謂三無。」子夏曰：「三無既得略而聞之矣，敢問何詩近之？」孔子曰：「『夙夜其命宥密』，無聲之樂也。『威儀逮逮，不可選也』，無體之禮也。『凡民有喪，匍匐救之』，無服之喪也。」

CD2-46

4 子夏曰：「言則大矣！美矣！盛矣！言盡於此而已乎？」孔子曰：「何為其然也！君子之服之也，猶有五起焉。」子夏曰：「何如？」孔子曰：「無聲之樂，氣志不違；無體之禮，威儀遲遲

CD2-47

遲；無服之喪，內恕孔悲。無聲之樂，氣志既得；無體之禮，威儀翼翼；無服之喪，施及四國。無聲之樂，氣志既從；無體之禮，上下和同；無服之喪，以畜萬邦。無聲之樂，日聞四方；無體之禮，日就月將；無服之喪，純德孔明。無聲之樂，氣志既起；無體之禮，施及四海；無服之喪，施於孫子。」

5

子夏曰：「三王之德，參於天地，敢問：何如斯可謂參於天地矣？」孔子曰：「奉三無私以勞天下。」子夏曰：「敢問何謂三無私？」孔子曰：「天無私覆，地無私載，日月無私照。奉斯三者以勞天下，此之謂三無私。其在《詩》曰：『帝命不違，至於湯齊。湯降不遲，聖敬日齊。昭假遲遲，上帝是祗。帝命式於九圍。』是湯之德也。」

CD2-48

6

「天有四時，春秋冬夏，風雨霜露，無非教也。地載神氣，神氣風霆，風霆流形，庶物露生，無非教也。清明在躬，氣志如神，嗜欲將至，有開必先。天降時雨，山川出雲。其在《詩》曰：『嵩高惟嶽，峻極于天。惟嶽降神，生甫及申。惟申及甫，惟周之翰。四國于蕃，四方于宣。』此文武之德也。三代之王也，必先令聞，《詩》云：『明明天子，令聞不已』，三代之德也。『弛其文德，協此四國』，大王之德也。」

子夏蹶然而起，負牆而立，曰：「弟子敢不承乎？」

春秋左傳選

CD2-49

一、鄭伯克段于鄢（隱公元年）

1

初，鄭武公娶于申，曰武姜。生莊公及共叔段。莊公寤生，驚姜氏，故名曰寤生，遂惡之。愛共叔段，欲立之。亟請於武公，公弗許。

及莊公即位，為之請制。公曰：「制，巖邑也，虢叔死焉。

佗邑唯命。」請京，使居之，謂之京城大叔。祭仲曰：「都城過百雉，國之害也。先王之制，大都不過參國之一，中五之一，小九之一。今京不度，非制也，君將不堪。」公曰：「姜氏欲之，焉辟害？」對曰：「姜氏何厭之有？不如早為之所，無使滋蔓，蔓，難圖也。蔓草猶不可除，況君之寵弟乎？」公曰：「多行不義，必自斃，子姑待之。」

CD2-50

2

既而大叔命西鄙北鄙貳於己。公子呂曰：「國不堪貳。君將若之何？欲與大叔，臣請事之。若弗與，則請除之，無生民心。」

公曰：「無庸，將自及。」大叔又收貳以為己邑，至于廩延。子封曰：「可矣，厚將得眾。」公曰：「不義不暱，厚將崩。」

大叔完聚，繕甲兵，具卒乘，將襲鄭；夫人將啟之。公聞其期，曰：「可矣。」命子封帥車二百乘以伐京，京叛大叔段。段入于鄢，公伐諸鄢。五月辛丑，大叔出奔共。

CD2-51

3 書曰：「鄭伯克段于鄢。」段不弟，故不言弟。如二君，故曰克。稱鄭伯，譏失教也。謂之鄭志。不言出奔，難之也。

遂寘姜氏于城潁，而誓之曰：「不及黃泉，無相見也。」既而悔之。潁考叔為潁谷封人，聞之。有獻於公，公賜之食。食舍肉，公問之。對曰：「小人有母，皆嘗小人之食矣，未嘗君之羹，請以遺之。」公曰：「爾有母遺，繄我獨無！」潁考叔曰：「敢問何謂也？」公語之故，且告之悔。對曰：「君何患焉？若闕地及泉，隧而相見，其誰曰不然？」公從之。公入而賦：「大隧之中，其樂也融融。」姜出而賦：「大隧之外，其樂也泄泄。」遂為母子如初。

「泄」，或作「洩」。

君子曰：「潁考叔，純孝也，愛其母，施及莊公。《詩》

曰：『孝子不匱，永錫爾類。』其是之謂乎！」

CD2-52

二、周鄭交質（隱公三年）

鄭武公、莊公為平王卿士，王貳于虢，鄭伯怨王。王曰：「無之。」故周鄭交質。王子狐為質於鄭，鄭公子忽為質於周。王崩，周人將畀虢公政。四月，鄭祭足帥師取溫之麥，秋又取成周之禾。周鄭交惡。

君子曰：「信不由中，質無益也。明恕而行，要之以禮，雖

「蕰」，或讀wēn。

無有質，誰能間之？苟有明信，澗谿沼沚之毛，蘋蘩蕰藻之菜，筐筥錡釜之器，潢汙行潦之水，可薦於鬼神，可羞於王公。而況君子結二國之信，行之以禮，又焉用質？《風》有《采蘩》《采蘋》，《雅》有《行葦》《泂酌》，昭忠信也。」

三、臧哀伯諫納郜鼎（桓公二年）

夏，四月，取郜大鼎于宋。戊申，納于大廟。非禮也。

臧哀伯諫曰：「君人者，將昭德塞違，以臨照百官。猶懼

CD3-2

或失之，故昭令德以示子孫。是以清廟茅屋，大路越席，大羹不致，粢食不鑿，昭其儉也。衮冕黻珽，帶裳幅舄，衡紞紘綖，昭其度也。藻率鞞鞛，鞶厲游纓，昭其數也。火龍黼黻，昭其文也。五色比象，昭其物也。鍚鸞和鈴，昭其聲也。三辰旂旗，昭其明也。

「夫德，儉而有度，登降有數，文物以紀之，聲明以發之，以臨照百官。百官於是乎戒懼，而不敢易紀律。今滅德立違，而寘其賂器於大廟，以明示百官，百官象之，其又何誅焉？國家之敗，由官邪也；官之失德，寵賂章也。郜鼎在廟，章孰甚焉！武王克商，遷九鼎於雒邑，義士猶或非之，而況將昭違亂之賂器於大廟，其若之何？」公不聽。

周內史聞之曰：「臧孫達其有後於魯乎！君違，不忘諫之以德。」

CD3-3

四、季梁諫追楚師（桓公六年）

1 楚武王侵隨，使薳章求成焉，軍於瑕以待之。隨人使少師董成。

鬬伯比言于楚子曰：「吾不得志於漢東也，我則使然。我張吾三軍，而被吾甲兵，以武臨之，彼則懼而協來謀我，故難間也。漢東之國隨為大，隨張，必棄小國。小國離，楚之利也。少師侈，請羸師以張之。」熊率且比曰：「季梁在，何益？」鬬伯比曰：「以為後圖，少師得其君。」王毁軍而納少師。

CD3-4

2

少師歸，請追楚師，隨侯將許之。季梁止之，曰：「天方授楚。楚之羸，其誘我也！君何急焉？臣聞小之能敵大也，小道大

CD3-5

淫。所謂道，忠於民而信於神也。上思利民，忠也；祝史正辭，信也。今民餒而君逞欲，祝史矯舉以祭，臣不知其可也。」

公曰：「吾牲牷肥腯，粢盛豐備，何則不信？」對曰：「夫民，神之主也。是以聖王先成民，而後致力於神。故奉牲以告曰『博碩肥腯』，謂民力之普存也，謂其畜之碩大蕃滋也，謂其不疾瘯蠡也，謂其備腯咸有也。奉盛以告曰『潔粢豐盛』，謂其三時不害，而民和年豐也。奉酒醴以告曰『嘉栗旨酒』，謂其上下皆有嘉德而無違心也。所謂馨香，無讒慝也。故務其三時，脩其五教，親其九族，以致其禋祀。於是乎民和而神降之福，故動則有成。今民各有心，而鬼神乏主，君雖獨豐，其何福之有？君姑脩政而親兄弟之國，庶免於難。」

隨侯懼而修政。楚不敢伐。

CD3-6

五、曹劌論戰（莊公十年）

齊師伐我。公將戰，曹劌請見，其鄉人曰：「肉食者謀之，又何間焉？」劌曰：「肉食者鄙，未能遠謀。」乃入見。

問：「何以戰？」公曰：「衣食所安，弗敢專也，必以分人。」對曰：「小惠未徧，民弗從也。」公曰：「犧牲玉帛，弗敢加也，必以信。」對曰：「小信未孚，神弗福也。」公曰：「小大之獄，雖不能察，必以情。」對曰：「忠之屬也，可以一戰，戰則請從。」公與之乘，戰于長勺，公將鼓之。劌曰：「未可。」齊人三鼓。劌曰：「可矣。」齊師敗績，公將馳之。劌曰：「未可。」下視其轍，登軾而望之。曰：「可矣。」遂逐齊師。

既克，公問其故。對曰：「夫戰，勇氣也。一鼓作氣，再而衰，三而竭。彼竭我盈，故克之。夫大國，難測也，懼有伏焉。吾視其轍亂，望其旗靡，故逐之。」

CD3-7

六、齊桓公伐楚盟屈完（僖公四年）

1

春，齊侯以諸侯之師侵蔡，蔡潰，遂伐楚。

楚子使與師言曰：「君處北海，寡人處南海，唯是風馬牛不相及也。不虞君之涉吾地也，何故？」管仲對曰：「昔召康公命我先君太公曰：『五侯九伯，女實征之，以夾輔周室。』賜我先君履，東至于海，西至于河，南至于穆陵，北至于無棣。爾貢苞茅不入，王祭不共，無以縮酒，寡人是徵；昭王南征而不復，寡人是問。」對曰：「貢之不入，寡君之罪也，敢不共給？昭王之不復，君其問諸水濱。」師進，次于陘。

CD3-9

2

夏，楚子使屈完如師。師退，次於召陵。

齊侯陳諸侯之師，與屈完乘而觀之。齊侯曰：「豈不穀是為，先君之好是繼。與不穀同好如何？」對曰：「君惠徼福於敝邑之社稷，辱收寡君，寡君之願也。」齊侯曰：「以此眾戰，誰能禦之？以此攻城，何城不克？」對曰：「君若以德綏諸侯，誰敢不服？君若以力，楚國方城以為城，漢水以為池，雖眾，無所用之。」

屈完及諸侯盟。

CD3-10

七、宮之奇諫假道（僖公五年）

晉侯復假道於虞以伐虢，宮之奇諫曰：「虢，虞之表也。虢亡，虞必從之。晉不可啟，寇不可翫，一之謂甚，其可再乎？諺

CD3-11

所謂『輔車相依，脣亡齒寒』者，其虞、虢之謂也。」

公曰：「晉，吾宗也，豈害我哉？」對曰：「大伯、虞仲，大王之昭也。大伯不從，是以不嗣。虢仲、虢叔，王季之穆也，為文王卿士，勳在王室，藏於盟府。將虢是滅，何愛於虞？且虞能親於桓、莊乎？其愛之也，桓、莊之族何罪？而以為戮。不唯偪乎？親以寵偪，猶尚害之，況以國乎？」

公曰：「吾享祀豐絜，神必據我。」對曰：「臣聞之，鬼神非人實親，惟德是依。故《周書》曰：『皇天無親，惟德是輔。』

又曰：『黍稷非馨，明德惟馨。』又曰：『民不易物，惟德繄物。』如是，則非德，民不和、神不享矣。神所馮依，將在德矣。若晉取虞，而明德以薦馨香，神其吐之乎？」

弗聽，許晉使。宮之奇以其族行，曰：「虞不臘矣！在此行也，晉不更舉矣。」

冬，晉滅虢。師還，館於虞。遂襲虞，滅之，執虞公。

CD3-12

八、齊桓公下拜受胙（僖公九年）

會于葵丘。尋盟，且脩好。禮也。

王使宰孔賜齊侯胙，曰：「天子有事于文武，使孔賜伯舅胙。」齊侯將下拜。孔曰：「且有後命。天子使孔曰：『以伯舅耋老，加勞，賜一級，無下拜。』」對曰：「天威不違顏咫尺，小白余敢貪天子之命，無下拜？恐隕越于下，以遺天子羞，敢不下拜！」下，拜；登，受。

CD3-13

九、陰飴甥對秦伯（僖公十五年）

十月，晉陰飴甥會秦伯，盟于王城。

秦伯曰：「晉國和乎？」對曰：「不和。小人恥失其君，而悼喪其親，不憚征繕，以立圉也，曰：『必報讎，寧事戎狄。』君子愛其君而知其罪，不憚征繕，以待秦命，曰：『必報德，有死無二。』以此不和。」

秦伯曰：「國謂君何？」對曰：「小人慼，謂之不免；君子恕，以為必歸。小人曰：『我毒秦，秦豈歸君？』君子曰：『我知罪矣，秦必歸君。貳而執之，服而舍之，德莫厚焉，刑莫威焉。服者懷德，貳者畏刑。此一役也，秦可以霸。納而不定，廢而不立，以德為怨，秦不其然。』」

秦伯曰：「是吾心也。」改館晉侯，饋七牢焉。

CD3-14

十、展喜犒師（僖公二十六年）

齊孝公伐我北鄙。公使展喜犒師，使受命于展禽。

齊侯未入竟，展喜從之，曰：「寡君聞君親舉玉趾，將辱於敝邑，使下臣犒執事。」齊侯曰：「魯人恐乎？」對曰：「小人恐矣，君子則否。」齊侯曰：「室如懸罄，野無青草，何恃而不恐？」對曰：「恃先王之命。昔周公、大公，股肱周室，夾輔成王。成王勞之，而賜之盟，曰：『世世子孫，無相害也。』載在盟府，大師職之。桓公是以糾合諸侯，而謀其不協，彌縫其闕，而匡救其災，昭舊職也。及君即位，諸侯之望，曰：『其率桓之功。』我敝邑用不敢保聚，曰：『豈其嗣世九年，而棄命廢職，其若先君何？君必不然。』恃此以不恐。」

齊侯乃還。

CD3-15

「殽」，或讀 xiáo，後仿此。

十一、秦晉殽之戰（僖公三十年至三十三年）

（一）燭之武退秦師

僖公三十年九月甲午，晉侯、秦伯圍鄭，以其無禮於晉，且貳於楚也。晉軍函陵，秦軍氾南。

佚之狐言於鄭伯曰：「國危矣，若使燭之武見秦君，師必

CD3-16

退。」公從之。辭曰：「臣之壯也，猶不如人，今老矣，無能為也已。」公曰：「吾不能早用子，今急而求子，是寡人之過也。然鄭亡，子亦有不利焉！」許之，夜縋而出。

見秦伯，曰：「秦、晉圍鄭，鄭既知亡矣。若亡鄭而有益於君，敢以煩執事。越國以鄙遠，君知其難也，焉用亡鄭以陪鄰？鄰之厚，君之薄也。若舍鄭以為東道主，行李之往來，共其乏困，君亦無所害。且君嘗為晉君賜矣，許君焦、瑕，朝濟而夕設版焉，君之所知也。夫晉何厭之有？既東封鄭，又欲肆其西封，若不闕秦，將焉取之？闕秦以利晉，唯君圖之！」秦伯說，與鄭人盟，使杞子、逢孫、楊孫戍之，乃還。

子犯請擊之，公曰：「不可。微夫人之力不及此。因人之力而敝之，不仁；失其所與，不知；以亂易整，不武。吾其還也！」亦去之。

CD3-17

（二）蹇叔哭師

三十二年冬，晉文公卒。庚辰，將殯於曲沃。出絳，柩有聲如牛。卜偃使大夫拜，曰：「君命大事，將有西師過軼我，擊之，必大捷焉。」

杞子自鄭使告於秦，曰：「鄭人使我掌其北門之管，若潛師以來，國可得也。」穆公訪諸蹇叔。蹇叔曰：「勞師以襲遠，非所聞也。師勞力竭，遠主備之，無乃不可乎！師之所為，鄭必知之；勤而無所，必有悖心。且行千里，其誰不知？」公辭焉。召孟明、西乞、白乙，使出師於東門之外。蹇叔哭之，曰：「孟子，吾見師之出，而不見其入也！」公使謂之曰：「爾何知！中

CD3-18

壽，爾墓之木拱矣！」蹇叔之子與師，哭而送之，曰：「晉人御師必於殽，殽有二陵焉：其南陵，夏后皋之墓也；其北陵，文王之所辟風雨也。必死是間，余收爾骨焉。」秦師遂東。

（三）弦高犒師

三十三年春，秦師過周北門，左右免冑而下，超乘者三百乘。王孫滿尚幼，觀之，言於王曰：「秦師輕而無禮，必敗。輕則寡謀，無禮則脫；入險而脫，又不能謀，能無敗乎？」

及滑，鄭商人弦高，將市於周，遇之。以乘韋先牛十二犒師，曰：「寡君聞吾子將步師出於敝邑，敢犒從者；不腆敝邑，為從者之淹，居則具一日之積，行則備一夕之衛。」且使遽告於鄭。

CD3-19

鄭穆公使視客館，則束載厲兵秣馬矣。使皇武子辭焉，曰：「吾子淹久於敝邑，唯是脯資餼牽竭矣。為吾子之將行也，鄭之有原圃，猶秦之有具囿也。吾子取其麋鹿，以閒敝邑，若何？」杞子奔齊，逢孫、楊孫奔宋。孟明曰：「鄭有備矣，不可冀也。攻之不克，圍之不繼，吾其還也。」滅滑而還。

CD3-20

（四）晉敗秦師於殽

晉原軫曰：「秦違蹇叔而以貪勤民，天奉我也。奉不可失，敵不可縱。縱敵患生，違天不祥。必伐秦師。」欒枝曰：「未報秦施而伐其師，其為死君乎？」先軫曰：「秦不哀吾喪，而伐吾同姓，秦則無禮，何施之為？吾聞之：一日縱敵，數世之患也。

CD3-21

謀及子孫，可謂死君乎？」遂發命，遽興姜戎。子墨衰絰，梁弘御戎，萊駒為右。夏四月辛巳，敗秦師於殽，獲百里孟明視、西乞術、白乙丙以歸。遂墨以葬文公。晉於是始墨。

文嬴請三帥，曰：「彼實構吾二君，寡君若得而食之，不厭；君何辱討焉？使歸就戮於秦，以逞寡君之志，若何？」公許之，先軫朝，問秦囚。公曰：「夫人請之，吾舍之矣。」先軫怒曰：「武夫力而拘諸原，婦人暫而免諸國，墮軍實而長寇讎，亡無日矣！」不顧而唾。公使陽處父追之，及諸河，則在舟中矣。

釋左驂以公命贈孟明。孟明稽首曰：「君之惠，不以纍臣釁鼓，使歸就戮于秦。寡君之以為戮，死且不朽；若從君惠而免之，三年將拜君賜。」

秦伯素服郊次，鄉師而哭，曰：「孤違蹇叔，以辱二三子，孤之罪也。」不替孟明。「孤之過也，大夫何罪？且吾不以一眚掩大德！」

CD3-22

十二、王孫滿對楚子（宣公三年）

楚子伐陸渾之戎，遂至于雒，觀兵于周疆。定王使王孫滿勞楚子。楚子問鼎之大小輕重焉。對曰：「在德不在鼎！昔夏之方有德也，遠方圖物，貢金九牧，鑄鼎象物，百物而為之備，使民知神、姦。故民入川澤山林，不逢不若；螭魅罔兩，莫能逢之，用能協于上下，以承天休。桀有昏德，鼎遷于商，載祀六百。商紂暴虐，鼎遷于周。德之休明，雖小，重也；其姦回昏亂，雖大，輕也。天祚明德，有所厎止。成王定鼎于郟鄏，卜世三十，卜年七百，天所命也。周德雖衰，天命未改。鼎之輕重，未可問也！」

CD3-23

十三、齊國佐不辱命（成公二年）

晉師從齊師，入自丘輿，擊馬陘。齊侯使賓媚人賂以紀甗玉磬與地。不可，則聽客之所為。

賓媚人致賂，晉人不可，曰：「必以蕭同叔子為質，而使齊之封內盡東其畝。」

CD3-24

對曰：「蕭同叔子非他，寡君之母也。若以匹敵，則亦晉君之母也。吾子布大命於諸侯，而曰必質其母以為信，其若王命何？且是以不孝令也。《詩》曰：『孝子不匱，永錫爾類。』若以不孝令於諸侯，其無乃非德類也乎？

「先王疆理天下，物土之宜而布其利。故《詩》曰：『我疆我理，南東其畝。』今吾子疆理諸侯，而曰盡東其畝而已，唯吾子戎車是利，無顧土宜，其無乃非先王之命也乎？反先王則不義，何以為盟主？

「伯」，其字或作伯或作霸。後仿此。

「其晉實有闕。四王之王也，樹德而濟同欲焉；五伯之霸也，勤而撫之，以役王命。今吾子求合諸侯，以逞無疆之欲。《詩》曰：『布政優優，百祿是遒。』子實不優，而棄百祿，諸侯何害焉？

「不然，寡君之命使臣，則有辭矣。曰：『子以君師辱於敝邑，不腆敝賦，以犒從者。畏君之震，師徒橈敗。』吾子惠徼齊國之福，不泯其社稷，使繼舊好。唯是先君之敝器土地不敢愛，子又不許，請收合餘燼，背城借一。敝邑之幸，亦云從也；況其不幸，敢不唯命是聽！」

CD3-25

十四、楚歸晉知罃（成公三年）

晉人歸楚公子穀臣與連尹襄老之尸于楚，以求知罃。於是荀首佐中軍矣，故楚人許之。

王送知罃曰：「子其怨我乎？」對曰：「二國治戎，臣不才，不勝其任，以為俘馘。執事不以釁鼓，使歸即戮，君之惠也。臣實不才，又誰敢怨？」

CD3-26

王曰：「然則德我乎？」對曰：「二國圖其社稷而求紓其民，各懲其忿以相宥也，兩釋纍囚，以成其好。二國有好，臣不與及。其誰敢德？」

王曰：「子歸，何以報我？」對曰：「臣不任受怨，君亦不任受德，無怨無德，不知所報？」

王曰：「雖然，必告不穀。」對曰：「以君之靈，纍臣得歸骨於晉，寡君之以為戮，死且不朽。若從君之惠而免之，以賜君之外臣首。首其請于寡君，而以戮於宗，亦死且不朽。若不獲命，而使嗣宗職，次及於事，而帥偏師以修封疆，雖遇執事，其弗敢違。其竭力致死，無有二心，以盡臣禮。所以報也！」

王曰：「晉未可與爭。」重為之禮而歸之。

CD3-27

十五、祁奚請免叔向（襄公二十一年）

欒盈出奔楚，宣子殺羊舌虎，囚叔向。

人謂叔向曰：「子離於罪，其為不知乎？」叔向曰：「與其死亡若何？《詩》曰：『優哉游哉，聊以卒歲。』知也！」

CD3-28

樂王鮒見叔向曰：「吾為子請。」叔向弗應。出，不拜。其人皆咎叔向。叔向曰：「必祁大夫。」室老聞之曰：「樂王鮒言於君，無不行，求赦吾子，吾子不許；祁大夫所不能也，而曰必由之。何也？」叔向曰：「樂王鮒，從君者也，何能行？祁大夫外舉不棄讎，內舉不失親，其獨遺我乎？《詩》曰：『有覺德行，四國順之。』夫子覺者也。」

晉侯問叔向之罪於樂王鮒。對曰：「不棄其親，其有焉。」

於是祁奚老矣，聞之，乘馹而見宣子，曰：「《詩》曰：『惠我無疆，子孫保之。』《書》曰：『聖有謨勳，明徵定保。』夫謀而鮮過、惠訓不倦者，叔向有焉，社稷之固也，猶將十世宥之，以勸能者。今壹不免其身，以棄社稷，不亦惑乎？鯀殛而禹興，伊尹放大甲而相之，卒無怨色；管蔡為戮，周公右王。若之何其以虎也棄社稷？子為善，誰敢不勉？多殺何為？」

宣子說，與之乘，以言諸公而免之。不見叔向而歸，叔向亦不告免焉而朝。

CD3-29

十六、魯叔孫豹論不朽（襄公二十四年）

二十四年春，穆叔如晉，范宣子逆之，問焉，曰：「古人有言曰，『死而不朽』，何謂也？」穆叔未對。宣子曰：「昔匄之祖，自虞以上為陶唐氏，在夏為御龍氏，在商為豕韋氏，在周為唐杜氏，晉主夏盟為范氏，其是之謂乎！」穆叔曰：「以豹所聞，此之謂世祿，非不朽也。魯有先大夫曰臧文仲，既沒，其言立，其是之謂乎！豹聞之：『大上有立德，其次有立功，其次有立言。』雖久不廢，此之謂不朽。若夫保姓受氏，以守宗祊，世不絕祀，無國無之，祿之大者，不可謂不朽。」

CD3-30

十七、子產告范宣子輕幣（襄公二十四年）

范宣子為政，諸侯之幣重。鄭人病之。

二月，鄭伯如晉。子產寓書於子西，以告宣子，曰：「子為晉國，四鄰諸侯不聞令德而聞重幣，僑也惑之。僑聞君子長國家者，非無賄之患，而無令名之難。夫諸侯之賄，聚於公室，則諸侯貳；若吾子賴之，則晉國貳。諸侯貳則晉國壞，晉國貳則子之

CD3-31

家壞。何沒沒也？將焉用賄？

「夫令名，德之輿也；德，國家之基也。有基無壞，無亦是務乎？有德則樂，樂則能久。《詩》云：『樂只君子，邦家之基。』有令德也夫！『上帝臨女，無貳爾心。』有令名也夫！恕思以明德，則令名載而行之，是以遠至邇安。毋寧使人謂子：『子實生我』，而謂『子浚我以生』乎？象有齒以焚其身，賄也。」

宣子說，乃輕幣。

CD3-32

十八、季札觀周樂（襄公二十九年）

1 吳公子札來聘，請觀於周樂。使工為之歌《周南》《召南》。曰：「美哉！始基之矣，猶未也，然勤而不怨矣。」為之歌《邶》《鄘》《衛》。曰：「美哉！淵乎！憂而不困者也。吾聞衛康叔、武公之德如是，是其衛風乎？」為之歌《王》。曰：「美哉！思而不懼。其周之東乎？」為之歌《鄭》。曰：「美哉！其細已甚，民弗堪也。是其先亡乎？」

為之歌《齊》。曰：「美哉！泱泱乎！大風也哉！表東海者其大公乎？國未可量也！」

為之歌《豳》。曰：「美哉！蕩乎！樂而不淫。其周公之東乎？」

為之歌《秦》。曰：「此之謂夏聲。夫能夏則大，大之至也。其周之舊乎？」

為之歌《魏》。曰：「美哉！渢渢乎！大而婉，險而易行。

以德輔此，則明主也。」

為之歌《唐》。曰：「思深哉！其有陶唐氏之遺民乎？不然，何憂之遠也？非令德之後，誰能若是？」

為之歌《陳》。曰：「國無主，其能久乎？」

自《鄶》以下，無譏焉。

CD3-33

2

為之歌《小雅》。曰：「美哉！思而不貳，怨而不言，其周德之衰乎？猶有先王之遺民焉！」

為之歌《大雅》。曰：「廣哉！熙熙乎！曲而有直體，其文王之德乎？」

為之歌《頌》。曰：「至矣哉！直而不倨，曲而不屈；邇而不偪，遠而不攜；遷而不淫，復而不厭；哀而不愁，樂而不荒；用而不匱，廣而不宣；施而不費，取而不貪；處而不底，行而不流。五聲和，八風平，節有度，守有序。盛德之所同也！」

CD3-34

3

見舞《象箾》《南籥》者，曰：「美哉！猶有憾！」

見舞《大武》者，曰：「美哉！周之盛也，其若此乎！」

見舞《韶濩》者，曰：「聖人之弘也，而猶有慚德，聖人之

「箾」，或讀xiāo。

「濩」，又讀huò。

難也！」

見舞《大夏》者，曰：「美哉！勤而不德，非禹其誰能修之？」

見舞《韶箾》者，曰：「德至矣哉！大矣！如天之無不幬也，如地之無不載也。雖甚盛德，其蔑以加於此矣！觀止矣！若有他樂，吾不敢請已。」

CD3-35

十九、子產論尹何為邑（襄公三十一年）

子皮欲使尹何為邑。子產曰：「少，未知可否。」子皮曰：

「願，吾愛之，不吾叛也。使夫往而學焉，夫亦愈知治矣。」子産曰：「不可。人之愛人，求利之也。今吾子愛人則以政，猶未能操刀而使割也，其傷實多。子之愛人，傷之而已，其誰敢求愛於子？子於鄭國，棟也。棟折榱崩，僑將厭焉，敢不盡言？子有美錦，不使人學製焉；大官大邑，身之所庇也，而使學者製焉。其為美錦，不亦多乎？僑聞學而後入政，未聞以政學者也。若果行此，必有所害。譬如田獵，射御貫，則能獲禽；若未嘗登車射御，則敗績厭覆是懼，何暇思獲？」

CD3-36

子皮曰：「善哉！虎不敏。吾聞君子務知大者遠者，小人務知小者近者。我，小人也。衣服附在吾身，我知而慎之；大官大邑，所以庇身也，我遠而慢之。微子之言，吾不知也。他日我曰：『子為鄭國，我為吾家，以庇焉，其可也。』今而後知不足。自今請，雖吾家，聽子而行。」子產曰：「人心之不同，如其面焉。吾豈敢謂子面如吾面乎？抑心所謂危，亦以告也。」子皮以為忠，故委政焉。子產是以能為鄭國。

CD3-37

二十、子產論政寬猛（昭公二十年）

鄭子產有疾，謂子大叔曰：「我死，子必為政。唯有德者能以寬服民，其次莫如猛。夫火烈，民望而畏之，故鮮死焉；水懦弱，民狎而翫之，則多死焉。故寬難。」疾數月而卒。

大叔為政，不忍猛而寬。鄭國多盜，取人于萑苻之澤。大叔悔之，曰：「吾早從夫子，不及此。」興徒兵以攻萑苻之盜，盡殺之，盜少止。

CD3-38

仲尼曰：「善哉！政寬則民慢，慢則糾之以猛；猛則民殘，殘則施之以寬。寬以濟猛，猛以濟寬，政是以和。」《詩》曰：『民亦勞止，汔可小康；惠此中國，以綏四方。』施之以寬也。『毋從詭隨，以謹無良；式遏寇虐，慘不畏明。』糾之以猛也。『柔遠能邇，以定我王。』平之以和也。又曰：『不競不絿，不剛不柔；布政優優，百祿是遒。』和之至也。」

及子產卒，仲尼聞之，出涕曰：「古之遺愛也。」

二十一、子貢釋衛侯于吳（哀公十二年）

CD3-39

吳徵會于衛。初，衛人殺吳行人且姚而懼，謀於行人子羽，子羽曰：「吳方無道，無乃辱吾君，不如止也。」子木曰：「吳方無道，國無道，必棄疾於人。吳雖無道，猶足以患衛，往也。長木之斃，無不摽也；國狗之瘈，無不噬也；而況大國乎？」

秋，衛侯會吳于鄖。公及衛侯宋皇瑗盟，而卒辭吳盟。吳人藩衛侯之舍，子服景伯謂子貢曰：「夫諸侯之會，事既畢矣，侯伯致禮，地主歸餼，以相辭也。今吳不行禮於衛，而藩其君舍

「摽」，今讀biào。「瘈」，或讀zhì。

CD3-40

以難之，子盍見大宰？」乃請束錦以行。語及衛故，大宰嚭曰：「寡君願事衛君，衛君之來也緩，寡君懼，故將止之。」子貢曰：「衛君之來，必謀於其衆。其衆或欲或否，是以緩來。其欲來者，子之黨也；其不欲來者，子之讎也。若執衛君，是墮黨而崇讎也。夫墮子者，得其志矣。且合諸侯，而執衛君，誰敢不懼？墮黨崇讎，而懼諸侯，或者難以霸乎！」大宰嚭說，乃舍衛侯。

（附）國語選

CD3-41

一、祭公諫征犬戎（國語·周語）

1 穆王將征犬戎。祭公謀父諫曰：「不可。先王耀德不觀兵。夫兵戢而時動，動則威，觀則玩，玩則無震。是故周文公之頌曰：『載戢干戈，載櫜弓矢。我求懿德，肆于時夏，允王保之。』先王之於民也，懋正其德而厚其性，阜其財求而利其器用，明利害之鄉，以文修之，使務利而避害，懷德而畏威，故能保世以滋大。

CD3-42

2

「昔我先王世后稷，以服事虞夏。及夏之衰也，棄稷不務，我先王不窋用失其官，而自竄於戎狄之間。不敢怠業，時序其德，纂修其緒，修其訓典；朝夕恪勤，守以敦篤，奉以忠信。奕世載德，不忝前人。至于武王，昭前之光明而加之以慈和，事神保民，莫不欣喜。商王帝辛，大惡於民，庶民不忍，欣戴武王，以致戎于商牧。是先王非務武也，勤恤民隱，而除其害也。

CD3-43

3

「夫先王之制，邦內甸服，邦外侯服，侯衛賓服，蠻夷要服，戎狄荒服。甸服者祭，侯服者祀，賓服者享，要服者貢，荒服者王。日祭、月祀、時享、歲貢、終王，先王之訓也！有不祭則修意，有不祀則修言，有不享則修文，有不貢則修名，有不王則修德。序成而有不至則修刑，於是乎有刑不祭、伐不祀、征不享、讓不貢、告不王。於是乎有刑罰之辟，有攻伐之兵，有征討之備，有威讓之令，有文告之辭。布令陳辭而又不至，則增修於德，而無勤民於遠。是以近無不聽，遠無不服。

CD3-44

「今自大畢、伯士之終也，犬戎氏以其職來王，天子曰：『予必以不享征之。』且觀之兵，其無乃廢先王之訓，而王幾頓乎！吾聞夫犬戎樹惇，帥舊德，而守終純固，其有以禦我矣。」

4 王不聽，遂征之。得四白狼四白鹿以歸，自是荒服者不至。

CD3-45

二、王孫圉論楚寶（國語·楚語）

1 王孫圉聘於晉，定公饗之。趙簡子鳴玉以相，問於王孫圉曰：「楚之白珩猶在乎？」對曰：「然。」簡子曰：「其為寶也幾何矣？」

CD3-46

曰：「未嘗為寶。楚之所寶者，曰觀射父，能作訓辭，以行事於諸侯，使無以寡君為口實。又有左史倚相，能道訓典，以敘百物，以朝夕獻善敗于寡君，使寡君無忘先王之業；又能上下說乎鬼神，順道其欲惡，使神無有怨痛于楚國。又有藪曰雲，連徒洲，金、木、竹、箭之所生也。龜、珠、角、齒、皮、革、羽、毛，所以備賦用，以戒不虞者也；所以共幣帛，以賓享於諸侯者也。若諸侯之好幣具，而導之以訓辭，有不虞之備，而皇神相之，寡君其可以免罪於諸侯，而國民保焉。此楚國之寶也。若夫白珩，先王之玩也，何寶之焉？

CD3-47

2

「圉聞國之寶，六而已。明王聖人能制議百物，以輔相國家，則寶之；玉足以庇蔭嘉穀，使無水旱之災，則寶之；龜足以憲臧否，則寶之；珠足以禦火災，則寶之；金足以禦兵亂，則寶之；山林藪澤，足以備財用，則寶之。若夫譁囂之美，楚雖蠻夷，不能寶也！」

（附）戰國策選

CD4-1

一、魯共公擇言

梁王魏嬰觴諸侯於范臺。酒酣，請魯君舉觴。魯君興，避席擇言曰：「昔者帝女令儀狄作酒而美，進之禹，禹飲而甘之，遂疏儀狄，絕旨酒，曰：『後世必有以酒亡其國者。』齊桓公夜半不嗛，易牙乃煎敖燔炙，和調五味而進之，桓公食之而飽，至旦不覺，曰：『後世必有以味亡其國者。』晉文公得南之威，三日不聽朝，遂推南之威而遠之，曰：『後世必有以色亡其國者。』楚王登強臺而望崩山，左江而右湖，以臨彷徨，其樂忘死，遂盟強臺而弗登，曰：『後世必有以高臺陂池亡其國者。』今主君之尊，儀狄之酒也；主君之味，易牙之調也；左白臺而右閭須，南威之美也；前夾林而後蘭臺，強臺之樂也。有一於此，足以亡其國，今主君兼此四者，可無戒與？」

「陂」，又讀bēi。

梁王稱善相屬。

CD4-2

二、唐雎說信陵君

信陵君殺晉鄙，救邯鄲，破秦人，存趙國，趙王自郊迎。唐雎謂信陵君曰：「臣聞之曰：『事有不可知者，有不可不知者；有不可忘者，有不可不忘者。』」信陵君曰：「何謂也？」對曰：「人之憎我也，不可不知也；吾憎人也，不可得而知也。人之有德於我也，不可忘也；吾有德於人也，不可不忘也。今君殺晉鄙，救邯鄲，破秦人，存趙國，此大德也。今趙王自郊迎，卒然見趙王，臣願君之忘之也！」信陵君曰：「無忌謹受教。」

CD4-3

春秋公羊傳選

一、隱公元年（公元前七百二十二年）

1

經。元年，春王正月。

傳。元年者何？君之始年也。春者何？歲之始也。王者孰謂？謂文王也。曷為先言王而後言正月？王正月也。何言乎王正月？大一統也。公何以不言即位？成公意也。何成乎公之意？公將平國而反之桓。曷為反之桓？桓幼而貴，隱長而卑，其為尊卑也微，國人莫知。隱長又賢，諸大夫扳隱而立之。隱於是焉而辭立，則未知桓之將必得立也。且如桓立，則恐諸大夫之不能相幼君也，故凡隱之立，為桓立也。隱長又賢，何以不宜立？立適以長不以賢，立子以貴不以長。桓何以貴？母貴也。母貴則子何以貴？子以母貴，母以子貴。

CD4-4

2

經。三月，公及邾婁儀父盟于眛。

傳。及者何？與也，會、及、暨，皆與也。曷為或言會，或言及，或言暨？會猶最也，及猶汲汲也，暨猶暨暨也。及，我欲之；暨，不得已也。儀父者何？邾婁之君也。何以名？字也。曷為稱字？褒之也。曷為褒之？為其與公盟也。與公盟者衆矣，曷為獨褒乎此？因其可褒而褒之。此其為可褒奈何？漸進也。眛者何？地期也。

CD4-5

3

經。夏五月，鄭伯克段于鄢。

傳。克之者何？殺之也。殺之，則曷為謂之克？大鄭伯之惡也。曷為大鄭伯之惡？母欲立之，己殺之，如勿與而已矣。段者

CD4-6

何？鄭伯之弟也。何以不稱弟？當國也。其地何？當國也。齊人殺無知何以不地？在內也。在內雖當國不地也，不當國雖在外，亦不地也。

4

經。秋七月，天王使宰咺來歸惠公仲子之賵。

傳。宰者何？官也。咺者何？名也。曷為以官氏？宰士也。惠公者何？隱之考也。仲子者何？桓之母也。何以不稱夫人？桓未君也。賵者何？喪事有賵。賵者，蓋以馬，以乘馬束帛。車馬曰賵，貨財曰賻，衣被曰襚。桓未君則諸侯曷為來賵之？隱為桓

CD4-7

立，故以桓母之喪告于諸侯。然則何言爾？成公意也。其言來何？不及事也。其言惠公仲子何？兼之，兼之非禮也。何以不言及仲子，仲子微也。

5 經。九月，及宋人盟于宿。

傳。孰及之？內之微者也。

6 經。冬十有二月，祭伯來。

傳。祭伯者何？天子之大夫也。何以不稱使？奔也。奔則曷為不言奔？王者無外；言奔，則有外之辭也。

7 經。公子益師卒。

傳。何以不日？遠也。所見異辭，所聞異辭，所傳聞異辭。

CD4-8

二、隱公三年（公元前七百二十年）

1 經。三年，春王二月己巳，日有食之。

傳。何以書？記異也。日食則曷為或日或不日？或言朔或不言朔？曰某月某日朔，日有食之者，食正朔也，其或日或不日，或失之前，或失之後。失之前者，朔在前也；失之後者，朔在後也。

2 經。三月庚戌，天王崩。

傳。何以不書葬？天子記崩不記葬，必其時也。諸侯記卒記葬，有天子存，不得必其時也。曷為或言崩或言薨？天子曰崩，諸侯曰薨，大夫曰卒，士曰不祿。

CD4-9

3 經。夏四月辛卯，尹氏卒。

傳。尹氏者何？天子之大夫也。其稱尹氏何？貶。曷為貶？譏世卿。世卿，非禮也。外大夫不卒，此何以卒？天王崩，諸侯之主也。

CD4-10

4 經。秋，武氏子來求賻。

傳。武氏子者何？天子之大夫也。其稱武氏子何？譏。何譏爾？父卒子未命也。何以不稱使？當喪未君也。武氏子來求賻何以書？譏。何譏爾？喪事無求，求賻非禮也，蓋通于下。

5 經。八月庚辰，宋公和卒。

6 經。冬十有二月，齊侯、鄭伯盟于石門。

7 經。癸未，葬宋繆公。

傳。葬者曷為或日或不日？不及時而日，渴葬也；不及時而不日，慢葬也。過時而日，隱之也；過時而不日，謂之不能葬也。當時而不日，正也；當時而日，危不得葬也。此當時何危爾？宣公謂繆公曰：「以吾愛與夷則不若愛女，以為社稷宗廟主，則與夷不若女，盍終為君矣。」宣公死，繆公立，繆公逐其二子莊公馮與左師勃，曰：「爾為吾子，生毋相見，死毋相哭。」與夷復曰：「先君之所為不與臣國而納國乎君者，以君可以為社稷宗廟主也。今君逐君之二子而將致國乎與夷，此非先君之意也，且使子而可逐，則先君其逐臣矣。」繆公曰：「先君之不爾逐可知矣，吾立乎此，攝也。」終致國乎與夷。莊公馮弑與夷。故君子大居正，宋之禍，宣公為之也。

CD4-11

三、桓公十有一年（公元前七百零一年）

1 經。春正月，齊人、衛人、鄭人盟于惡曹。

2 經。夏五月癸未，鄭伯寤生卒。

3 經。秋七月，葬鄭莊公。九月，宋人執鄭祭仲。

傳。祭仲者何？鄭相也。何以不名？賢也。何賢乎祭仲？以

CD4-12

為知權也。其為知權奈何？古者鄭國處于留。先鄭伯有善于鄶公者，通乎夫人，以取其國，而遷鄭焉，而野留。莊公死已葬，祭仲將往省于留，塗出于宋，宋人執之。謂之曰：「為我出忽而立突」。祭仲不從其言，則君必死、國必亡；從其言，則君可以生易死，國可以存易亡。少遼緩之，則突可故出，而忽可故反，是不可得則病，然後有鄭國。古人之有權者，祭仲之權是也。權者何？權者反於經，然後有善者也。權之所設，舍死亡無所設。行權有道，自貶損以行權，不害人以行權。殺人以自生，亡人以自

CD4-13

存，君子不為也。

4 經。突歸于鄭。

傳。突何以名？挈乎祭仲也。其言歸何？順祭仲也。

5 經。鄭忽出奔衛。

傳。忽何以名？春秋伯子男一也，辭無所貶。

6 經。柔會宋公、陳侯、蔡叔，盟于折。

傳。柔者何？吾大夫之未命者也。

7 經。公會宋公于夫童。

「童」，左氏作鍾。

8 經。冬十有二月，公會宋公于鬫。

CD4-14

四、莊公四年（公元前六百九十年）

1 經。春王二月，夫人姜氏饗齊侯于祝丘。

2 經。三月，紀伯姬卒。

3 經。夏，齊侯、陳侯、鄭伯遇于垂。

4 經。紀侯大去其國。

傳。大去者何？滅也。孰滅之？齊滅之。曷為不言齊滅之？

為襄公諱也。春秋為賢者諱。何賢乎襄公？復讎也。何讎爾？遠祖也。哀公亨乎周，紀侯譖之。以襄公之為於此焉者，事祖禰之心盡矣。盡者何？襄公將復讎乎紀，卜之曰：「師喪分焉。」「寡人死之，不為不吉也！」遠祖者幾世乎？九世矣，九世猶可以復讎乎？雖百世可也。家亦可乎？曰：「不可。」國何以可？國、君一體也。先君之恥，猶今君之恥也。今君之恥，猶先君之恥也。國、君何以為一體？國君以國為體，諸侯世，故國、君為一體也。

CD4-15

今紀無罪，此非怒與？曰：「非也。」古者有明天子，則紀侯必誅，必無紀者。紀侯之不誅，至今有紀者，猶無明天子也。古者諸侯必有會聚之事，相朝聘之道，號辭必稱先君以相接，然則齊紀無說焉，不可以並立乎天下。故將去紀侯者，不得不去紀也。有明天子則襄公得為若行乎？曰：「不得也。」不得則襄公曷為為之？上無天子，下無方伯，緣恩疾者可也。

CD4-16

5

經。六月乙丑，齊侯葬紀伯姬。

傳。外夫人不書葬，此何以書？隱之也。何隱爾？其國亡

CD4-17

矣，徒葬於齊爾。此復讎也，曷為葬之？滅其可滅，葬其可葬。此其為可葬奈何？復讎者非將殺之，逐之也。以為雖遇紀侯之殯，亦將葬之也。

6 經。秋七月。

7 經。冬，公及齊人狩于郜。

傳。公曷為與微者狩？齊侯也。齊侯則其稱人何？諱與讎狩也。前此者有事矣，後此者有事矣，則曷為獨於此焉譏？於讎者將壹譏而已，故擇其重者而譏焉，莫重乎其與讎狩也。於讎者則曷為將壹譏而已？讎者無時焉可與通，通則為大譏，不可勝譏，故將壹譏而已，其餘從同同。

CD4-18

五、莊公十有三年（公元前六百八十一年）

1 經。春，齊侯、宋人、陳人、蔡人、邾婁人會于北杏。

2 經。夏六月，齊人滅遂。

3 經。秋七月。

4 經。冬，公會齊侯盟于柯。

傳。何以不日？易也。其易奈何？桓之盟不日，其會不致，信之也。其不日何以始乎此？莊公將會乎桓，曹子進曰：「君之意何如？」莊公曰：「寡人之生則不若死矣。」曹子曰：「然則君請當其君，臣請當其臣。」莊公曰：「諾。」於是會乎桓。莊公升壇，曹子手劍而從之。管子進曰：「君何求乎？」曹子曰：「城壞壓竟，君不圖與？」管子曰：「然則君將何求？」曹子曰：「願請汶陽之田。」管子顧曰：「君許諾。」桓公曰：「諾。」曹子請盟，桓公下與之盟。已盟，曹子摽劍而去之。要盟可犯，而桓公不欺；曹子可讎，而桓公不怨。桓公之信著乎天下，自柯之盟始焉。

CD4-19

六、僖公二年（公元前六百五十八年）

1

經。春王正月，城楚丘。

傳。孰城？城衛也。曷為不言城衛？滅也。孰滅之？蓋狄滅之。曷為不言狄滅之？為桓公諱也。曷為為桓公諱？上無天子，下無方伯，天下諸侯有相滅亡者，桓公不能救，則桓公恥之也。

然則孰城之？桓公城之。曷為不言桓公城之？不與諸侯專封也。曷為不與？實與而文不與。文曷為不與？諸侯之義，不得專封。諸侯之義，不得專封，則其曰實與之何？上無天子，下無方伯，天下諸侯有相滅亡者，力能救之，則救之可也。

2

經。夏五月辛巳，葬我小君哀姜。

傳。哀姜者何？莊公之夫人也。

CD4-20

3

經。虞師、晉師滅夏陽。

傳。虞，微國也，曷為序乎大國之上？使虞首惡也。曷為使

CD4-21

虞首惡？虞受賂，假滅國者道，以取亡焉。其受賂奈何？獻公朝諸大夫而問焉，曰：「寡人夜者寢而不寐，其意也何？」諸大夫有進對者曰：「寢不安與？其諸侍御有不在側者與？」獻公不應。

荀息進曰：「虞郭見與？」獻公揖而進之，遂與之入而謀曰：「吾欲攻郭，則虞救之，攻虞則郭救之，如之何？願與子慮之。」荀息對曰：「君若用臣之謀，則今日取郭，而明日取虞爾，君何憂焉？」獻公曰：「然則奈何？」荀息曰：「請以屈產之乘，與垂棘之白璧往，必可得也。則寶出之內藏，藏之外府，馬出之內廄，繫之外廄爾，君何喪焉？」獻公曰：「諾。雖然，宮之奇存焉，如之何？」荀息曰：「宮之奇知則知矣，雖然，虞公貪而好寶，見寶必不從其言。請終以往。」於是終以往。

虞公見寶許諾，宮之奇果諫：「《記》曰：『脣亡則齒寒。』虞郭之相救，非相為賜。則晉今日取郭，而明日虞從而亡爾。君請勿許也。」虞公不從其言，終假之道以取郭。還，四年，反取虞。虞公抱寶牽馬而至。荀息見曰：「臣之謀何如？」獻公曰：

CD4-23

「子之謀則已行矣，寶則吾寶也，雖然，吾馬之齒亦已長矣。」蓋戲之也。夏陽者何？郭之邑也。曷為不繫于郭？國之也。曷為國之？君存焉爾。

4 經。秋九月，齊侯、宋公、江人、黃人盟于貫澤。

傳。江人、黃人者何？遠國之辭也。遠國至矣，則中國曷為獨言齊、宋至爾？大國言齊、宋，遠國言江、黃，則以其餘為莫敢不至也。

5 經。冬十月，不雨。

傳。何以書？記異也。

6 經。楚人侵鄭。

CD4-24

七、宣公六年（公元前六百零三年）

1 經。春，晉趙盾、衛孫免侵陳。

傳。趙盾弒君，此其復見何？親弒君者趙穿也。親弒君者趙穿，則曷為加之趙盾？不討賊也。何以謂之不討賊？晉史書賊曰：「晉趙盾弒其君夷獆。」趙盾曰：「天乎！無辜！吾不弒君，

「獆」，或讀gāo。

CD4-25

誰謂吾弒君者乎？」史曰：「爾為仁為義，人弒爾君，而復國不討賊，此非弒君如何？」

趙盾之復國奈何？靈公為無道，使諸大夫皆內朝，然後處乎臺上引彈而彈之，己趨而辟丸，是樂而已矣。趙盾已朝而出，與諸大夫立於朝，有人荷畚，自閨而出者。趙盾曰：「彼何也？夫畚曷為出乎閨？」呼之不至。曰：「子大夫也，欲視之則就而視之。」趙盾就而視之，則赫然死人也。趙盾曰：「是何也？」曰：「膳宰也。熊蹯不熟，公怒以斗摮而殺之，支解，將使我棄

「愬」，或讀sè。

CD4-26

之。」趙盾曰：「嘻！」趨而入。靈公望見趙盾，愬而再拜。趙盾逡巡，北面再拜稽首，趨而出。靈公心怍焉，欲殺之。

於是使勇士某者往殺之，勇士入其大門，則無人門焉者；入其閨，則無人閨焉者；上其堂，則無人焉。俯而闚其戶，方食魚飧。勇士曰：「嘻！子誠仁人也！吾入子之大門，則無人焉；入子之閨，則無人焉；上子之堂，則無人焉：是子之易也。子為晉國重卿而食魚飧，是子之儉也。君將使我殺子，吾不忍殺子也。雖然，吾亦不可復見吾君矣。」遂刎頸而死。靈公聞之怒，滋欲殺之甚，眾莫可使往者。

CD4-27

於是伏甲于宮中，召趙盾而食之。趙盾之車右祁彌明者，國之力士也，仡然從乎趙盾而入，放乎堂下而立。趙盾已食，靈公謂盾曰：「吾聞子之劍蓋利劍也，子以示我，吾將觀焉。」趙盾起將進劍，祁彌明自下呼之曰：「盾食飽則出，何故拔劍於君所？」趙盾知之，躇階而走。靈公有周狗，謂之獒，呼獒而屬之，獒亦躇階而從之。

CD4-28

祁彌明逆而踆之，絕其頷。趙盾顧曰：「君之獒不若臣之獒也！」然而宮中甲鼓而起，有起于甲中者抱趙盾而乘之。趙盾顧曰：「吾何以得此于子？」曰：「子某時，所食活我于暴桑下者也。」趙盾曰：「子名為誰？」曰：「吾君孰為介？子之乘矣，何問吾名？」趙盾驅而出，衆無留之者。趙穿緣民衆不說，起弒靈公，然後迎趙盾而入，與之立于朝，而立成公黑臀。

2 經。夏四月。

3 經。秋八月，螺。

4 經。冬十月。

CD4-29

八、宣公十有五年（公元前五百九十四年）

1 經。春，公孫歸父會楚子于宋。

2 經。夏五月，宋人及楚人平。

傳。外平不書。此何以書？大其平乎己也。何大乎其平乎己？莊王圍宋，軍有七日之糧爾，盡此不勝，將去而歸爾。於是使司馬子反乘堙而闚宋城，宋華元亦乘堙而出見之。司馬子反曰：「子之國何如？」華元曰：「憊矣。」曰：「何如？」曰：「易子而食之，析骸而炊之。」司馬子反曰：「嘻！甚矣憊！雖然，吾聞之也，圍者柑馬而秣之，使肥者應客，是何子之情也？」華元曰：「吾聞之，君子見人之厄則矜之，小人見人之厄則幸之。吾見子之君子也，是以告情于子也。」司馬子反曰：「諾！勉之矣！吾軍亦有七日之糧爾，盡此不勝，將去而歸爾。」揖而去之。

「厄」，或作「危」。

CD4-30

反于莊王。莊王曰：「何如？」司馬子反曰：「憊矣！」曰：「何如？」曰：「易子而食之，析骸而炊之。」莊王曰：「嘻！甚矣憊！雖然，吾今取此，然後而歸爾。」司馬子反曰：

「不可。臣已告之矣，軍有七日之糧爾。」莊王怒曰：「吾使子往視之，子曷為告之？」司馬子反曰：「以區區之宋，猶有不欺人之臣，可以楚而無乎？是以告之也。」莊王曰：「諾！舍而止。雖然，吾猶取此然後歸爾。」司馬子反曰：「然則君請處于此，臣請歸爾。」莊王曰：「子去我而歸，吾孰與處于此？吾亦從子而歸爾。」引師而去之。

故君子大其平乎己也。此皆大夫也，其稱人何？貶。曷為貶？平者在下也。

CD4-31

3 經。六月癸卯，晉師滅赤狄潞氏，以潞子嬰兒歸。

傳。潞何以稱子？潞子之為善也，躬足以亡爾。雖然，君子不可不記也。離于夷狄，而未能合于中國。晉師伐之，中國不救，狄人不有，是以亡也。

4 經。秦人伐晉。

5 經。王札子殺召伯、毛伯。

傳。王札子者何？長庶之號也。

6 經。秋，螽。

CD4-32

7 經。仲孫蔑會齊高固于牟婁。

8 經。初稅畝。

傳。初者何？始也。稅畝者何？履畝而稅也。初稅畝何以書？譏。何譏爾？譏始履畝而稅也。何譏乎始履畝而稅？古者什一而藉。古者曷為什一而藉？什一者天下之中正也。多乎什一，大桀小桀；寡乎什一，大貉小貉。什一者，天下之中正也，什一行而頌聲作矣。

9 經。冬，蝝生。

傳。未有言蝝生者，此其言蝝生何？蝝生不書，此何以書？幸之也。幸之者何？猶曰受之云爾。受之云爾者何？上變古易常，應是而有天災，其諸則宜於此焉變矣。

CD4-33

九、成公二年（公元前五百八十九年）

1 經。春，齊侯伐我北鄙。

2 經。夏四月丙戌，衛孫良夫帥師及齊師戰于新築，衛師敗績。

3 經。六月癸酉，季孫行父、臧孫許、叔孫僑如、公孫嬰齊帥師會晉郤克、衛孫良夫、曹公子手及齊侯戰于鞌，齊師敗績。

傳。曹無大夫，公子手何以書？憂內也。

CD4-34

4

經。秋七月，齊侯使國佐如師。己酉，及國佐盟于袁婁。

傳。君不使乎大夫，此其行使乎大夫何？佚獲也。其佚獲奈何？師還齊侯，晉郤克投戟，逡巡再拜稽首馬前。逢丑父者，頃公之車右也，面目與頃公相似，衣服與頃公相似，代頃公當左。使頃公取飲，頃公操飲而至，曰：「革取清者。」頃公用是佚而不反。逢丑父曰：「吾賴社稷之神靈，吾君已免矣。」郤克曰：

CD4-35

「欺三軍者其法奈何？」曰：「法斮。」於是斮逢丑父。

己酉，及齊國佐盟于袁婁。曷為不盟于師而盟于袁婁？前此者，晉郤克與臧孫許同時而聘于齊。蕭同姪子者，齊君之母也，踊于棓而窺客，則客或跛或眇，於是使跛者迓跛者，使眇者迓眇者。二大夫出，相與踦閭而語，移日然後相去。齊人皆曰：「患之起必自此始！」二大夫歸，相與率師為鞌之戰，齊師大敗。

CD4-36

齊侯使國佐如師，郤克曰：「與我紀侯之甗，反魯衛之侵地，使耕者東畝，且以蕭同姪子為質，則吾舍子矣。」國佐曰：

「與我紀侯之甗，請諾；反魯衛之侵地，請諾；使耕者東畝，是則土齊也；蕭同姪子者，齊君之母也，齊君之母，猶晉君之母也，不可。請戰，壹戰不勝請再，再戰不勝請三，三戰不勝，則齊國盡子之有也，何必以蕭同姪子為質？」揖而去之。郤克眣魯衛之使，使以其辭而為之請，然後許之。逮于袁婁而與之盟。

CD4-37

5 經。八月壬午，宋公鮑卒。

6 經。庚寅，衛侯遬卒。

7 經。取汶陽田。

傳。汶陽田者何？鞌之賂也。

8 經。冬，楚師、鄭師侵衛。

9 經。十有一月，公會楚公子嬰齊于蜀。

10 經。丙申，公及楚人、秦人、宋人、陳人、衛人、鄭人、齊人、曹人、邾婁人、薛人、鄫人盟于蜀。

「鄫」，或讀zēng。

傳。此楚公子嬰齊也，其稱人何？得一貶焉爾。

CD4-38

十、哀公十有四年（公元前四百八十一年）

1 經。春，西狩獲麟。

傳。何以書？記異也。何異爾？非中國之獸也。然則孰狩之？薪采者也。薪采者則微者也，曷為以狩言之？大之也。曷為大之？為獲麟大之也。曷為為獲麟大之？麟者仁獸也。有王者則至，無王者則不至。有以告者曰：「有麕而角者。」孔子曰：「孰為來哉！孰為來哉！」反袂拭面，涕沾袍。顏淵死，子曰：「噫！天喪予！」子路死，子曰：「噫！天祝予！」西狩獲麟，孔子曰：「吾道窮矣！」

《春秋》何以始乎隱？祖之所逮聞也，所見異辭，所聞異辭，所傳聞異辭。何以終乎哀十四年？曰：「備矣！」君子曷為為《春秋》？撥亂世，反諸正，莫近諸《春秋》。則未知其為是與？其諸君子樂道堯舜之道與？末不亦樂乎堯舜之知君子也？制《春秋》之義以俟後聖，以君子之為亦有樂乎此也。

春秋穀梁傳選

CD4-39

一、隱公元年（公元前七百二十二年）

1

經。元年，春，王正月。

傳。雖無事，必舉正月，謹始也。公何以不言即位？成公志也。焉成之？言君之不取為公也。君之不取為公，何也？將以讓桓也。讓桓正乎？曰：不正。《春秋》成人之美，不成人之惡。隱

「正」，原作「也」。

「而」，原作「不」。

不正而成之，何也？將以惡桓也。其惡桓，何也？隱將讓而桓弒之，則桓惡矣。桓弒而隱讓，則隱善矣。善則其不正焉，何也？《春秋》貴義而不貴惠，信道而不信邪。孝子揚父之美，不揚父之惡。先君之欲與桓，非正也，邪也。雖然，既勝其邪心以與隱矣，已探先君之邪志，而遂以與桓，則是成父之惡也。兄弟，天倫也。為子受之父，為諸侯受之君。已廢天倫而忘君父，以行小惠，曰小道也。若隱者，可謂輕千乘之國，蹈道則未也。

「蹈」，今讀dǎo。

CD4-40

2

經。三月，公及邾儀父盟於眜。

傳。及者何？內為志焉爾。儀，字也；父猶傅也，男子之美稱也。其不言邾子，何也？邾之上古微，未爵命於周也。不日，其盟渝也。眛，地名也。

3

經。夏五月，鄭伯克段于鄢。

傳。克者何？能也。何能也？能殺也。何以不言殺？見段之有徒衆也。段，鄭伯弟也。何以知其為弟也？殺世子，母弟目君，以其目君，知其為弟也。段弟也，而弗謂弟；公子也，而弗謂公子，貶之也。段失子弟之道矣，賤段而甚鄭伯也。何甚乎鄭伯？甚鄭伯之處心積慮，成於殺也。于鄢，遠也，猶曰取之其母之懷中而殺之云爾，甚之也。然則為鄭伯者宜奈何？緩追逸賊，親親之道也。

CD4-41

4 經。秋七月，天王使宰咺來歸惠公仲子之賵。

傳。母以子氏。仲子者何？惠公之母、孝公之妾也。禮，賵人之母則可，賵人之妾則不可。君子以其可辭受之。其志，不及事也。賵者，何也？乘馬曰賵，衣衾曰襚，貝玉曰含，錢財曰賻。

5 經。九月，及宋人盟于宿。

傳。及者何？內卑者也。宋人，外卑者也。卑者之盟，不日。宿，邑名也。

6

經。冬十有二月，祭伯來。

傳。來者，來朝也。其弗謂朝，何也？寰內諸侯，非有天子之命，不得出會諸侯，不正其外交，故弗與朝也。聘弓鍭矢，不出竟場。束脩之肉，不行竟中。有至尊者，不貳之也。

7

經。公子益師卒。

傳。大夫日卒，正也。不日卒，惡也。

CD4-43

二、桓公元年（公元前七百一十一年）

1 經。元年，春，王正月，公即位。

傳。桓無王，其曰王，何也？謹始也。其曰無王，何也？桓弟弒兄，臣弒君，天子不能定諸侯，不能救百姓，不能去以為無王之道，遂可以至焉爾。元年有王，所以治桓也。繼故不言即位，正也。繼故不言即位之為正，何也？曰：先君不以其道終，則子弟不忍即位也。繼故而言即位，則是與聞乎弒也。繼故而言即位，是為與聞乎弒，何也？曰：先君不以其道終，己正即位之道而即位，是無恩於先君也。

CD4-44

2 經。三月，公會鄭伯于垂。鄭伯以璧假許田。

傳。會者，外為主焉爾。假不言以，言以，非假也。非假而曰假，諱易地也。禮，天子在上，諸侯不得以地相與也。無田則無許可知矣。不言許，不與許也。許田者，魯朝宿之邑也。邴者，鄭伯之所受命而祭泰山之邑也。用見魯之不朝於周，而鄭之不祭泰山也。

3 經。夏四月，丁未，公及鄭伯盟于越。

CD4-45

傳。及者，內為志焉爾。越，盟地之名也。

4 經。秋，大水。

傳。高下有水災，曰大水。

三、僖公二年（公元前六百五十八年）

1 經。二年，春，王正月，城楚丘。

傳。楚丘者何？衛邑也。國而曰城，此邑也，其曰城，何也？封衛也。則其不言城衛，何也？衛未遷也。其不言衛之遷焉，何也？不與齊侯專封也。其言城之者，專辭也。故非天子不得專封諸侯，諸侯不得專封諸侯。雖通其仁，以義而不與也。故曰：仁不勝道。

CD4-46

2 經。夏五月，辛巳，葬我小君哀姜。

3 經。虞師、晉師滅夏陽。

傳。非國而曰滅，重夏陽也。虞無師，其曰師，何也？以其先晉，不可以不言師也。其先晉，何也？為主乎滅夏陽也。夏陽者，虞虢之塞邑也，滅夏陽而虞虢舉矣。

CD4-47

虞之為主乎滅夏陽，何也？晉獻公欲伐虢，荀息曰：「君何不以屈產之乘、垂棘之璧，而借道乎虞也？」公曰：「此晉國之寶也。如受吾幣而不借吾道，則如之何？」荀息曰：「此小國之所以事大國也。彼不借吾道，必不敢受吾幣。如受吾幣而借吾道，則是我取之中府而藏之外府，取之中廄而置之外廄也。」公曰：「宮之奇存焉，必不使受之也。」荀息曰：「宮之奇之為人也，達心而懦，又少長於君。達心則其言略，懦則不能強諫，少長於君，則君輕之。且夫玩好在耳目之前，而患在一國之後，此

CD4-48

中知以上乃能慮之。臣料虞君，中知以下也。」公遂借道而伐虢。宮之奇諫曰：「晉國之使者，其辭卑而幣重，必不便於虞。」虞公弗聽，遂受其幣而借之道。宮之奇諫曰：「語曰『脣亡則齒寒』，其斯之謂與！」挈其妻子以奔曹。獻公亡虢，五年而後舉虞。荀息牽馬操璧而前曰：「璧則猶是也，而馬齒加長矣。」

「長」，或讀cháng。

4

經。秋九月，齊侯、宋公、江人、黃人盟于貫。

傳。貫之盟，不期而至者，江人、黃人也。江人、黃人者，遠國之辭也。中國稱齊、宋，遠國稱江、黃，以為諸侯皆來至也。

5 經。冬十月，不雨。

傳。不雨者，勤雨也。

6 經。楚人侵鄭。

CD4-49

四、哀公十有四年（公元前四百八十一年）

1 經。十有四年，春，西狩獲麟。

傳。引取之也。狩地，不地不狩也。非狩而曰狩，大獲麟，故大其適也。其不言來，不外麟於中國也。其不言有，不使麟不恆於中國也。

王财贵教授主编、监制

北京文礼经典文化有限公司、北京季谦教育咨询中心联合出品　文教产品系列

中文经典诵读系列（简繁对照）· 普及版
中文经典诵读系列（简繁对照）· 典藏版
中文经典诵读系列（繁体竖排）· 典藏版
中文经典口袋书系列（简繁对照）· 典藏版

·《学庸论语》
·《孟子》
·《老子庄子选》
·《易经》
·《诗经》
·《唐诗三百首》
·《书礼春秋选》
·《古文选》
·《诗歌词曲选》
·《佛经选》
·《伤寒论》（全 2 册）
·《内经知要》
·《孝弟三百千》
·《格言选》

《学儿中文大字经典诵读本》

（含《论语》《大学》《孝经》《中庸》《弟子规》《三字经》《百家姓》《千字文》共 7 卷）

书法教学系列

· 硬笔书法练习套装
（含《弟子规》《三字经》《千字文》共 3 册）

读经教育理念资料系列

·《读经教育理念简介》
·《教育的智慧学》
·《经典教育与文化关怀文集》
·《儿童读经教育》理念讲解光盘
（含演讲、专题片、百问千答，共 7 碟）
· 孔子像和王财贵教授题字对联（平装）

胎教、早教用具系列

· 便携式读经机（简装版）
· 便携式读经机（礼品装）
· 桌面读经机
· 读经胎教机

英文经典诵读系列

· 仲夏夜之梦
· 莎翁十四行诗
· 英文名著选
· 小爱神与喜颂
· 柏拉图苏氏自辩
· 英文常语举要
· 英文圣经选
· 英语会话一千句
· 童子诗园

德文经典诵读系列

· 德文名著选
· 德文常语举要
· 德文圣经选

日文经典诵读系列

· 日文论语
· 日文名著选
· 日文常语举要

法文经典诵读系列

· 法文名著选
· 法文常语举要
· 法文圣经选

梵文经典诵读系列

· 入菩提行论
· 梵文经典选

---

iDUJING 爱读经

“爱读经”
每一款产品
都在期待一个完美人格的孩子
每一个孩子
都是文化复兴的种子

免费理念学习　　产 品 服 务

服 务 热 线：400-8984808
爱读经官网：www.idujing.com